메르켈 정권 16년:
주요 국제 이슈와 정책 평가

이현진

국문요약

앙겔라 메르켈 총리가 집권했던 2005년 11월부터 2021년 12월까지의 약 16년간 독일과 EU의 위상에 변화가 있었다. 한때 '유럽의 병자(病者)'로 불리던 독일이 경제발전과 산업 활성화를 이룩했고, 글로벌 무대에서도 정치·경제 전 방면에서 입지를 굳건하게 했다. 한편 EU 차원에서는 공동대응책을 제시함으로써 공동체로서 역내 결속력을 강화하는 방향으로 정책이 진행되었다. 메르켈 총리의 집권기 동안 좁게는 유럽, 넓게는 전 세계에 영향을 준 굵직한 이슈들이 다수 발생했다. 경제 분야에서는 글로벌 금융위기와 유럽 재정위기, 미국의 보호무역주의로 인한 갈등을 들 수 있다. 글로벌 금융위기와 유럽 재정위기 당시 메르켈 총리는 독일과 유럽의 재정건전성 확보를 강조하면서도, 유로존과 EU가 해체되지 않도록 위기를 맞은 회원국들을 지원하면서 EU 지도자로서의 면모를 보였다. 미국 트럼프 대통령이 보호무역주의를 표방하면서 중국뿐 아니라 독일 및 EU도 심각한 갈등을 겪게 되었지만, 메르켈 총리는 자유무역주의에 대한 의지를 굽히지 않았다. 정치 분야에서는 러시아의 크림반도 합병과 EU 확대 역사상 최초의 역주행이 된 브렉시트를 대표적인 예로 들 수 있다. 2014년 러시아가 크림반도를 합병하자 미국과 유럽을 중심으로 거센 비난이 일었다. 독일의 경우 대러 에너지원 의존도를 고려할 때, 러시아와 대치하지 않는 것이 합리적인 결정일 수 있었다. 하지만 메르켈 총리는 전략적으로 길게 끌어 대응하자는 국내 정치권의 의견에 편승하지 않고 유럽 내 자유와 평화를 깨뜨린 러시아에 대해 조속한 경제제재를 추진했고, 주변국들의 참여를 독려하면서 대러 제재를 강화했다. 한편 브렉시트가 현실이 되자 이로 인한 EU의 균열을 우려한 메르켈 총리는 EU 잔류의 이점을 적극 홍보했고, 영국과의 협상에서는 노딜로 끝나더라도 영국의 편의를 봐주지 않겠다는 입장을 취해 오히려 극적으로 협상을 마무리했다. 환경·안보 분야에서는 후쿠시마 원전 사고가 촉진한 독일의 원전 폐쇄, 시리아 내전으로 인한 난민의 EU 유입사태, 그리고 코로나19로 인한 팬데믹을 들 수 있다. 후쿠시마 원전 사고로 독일 내 반원전 여론이 거세지자 메르켈 총리는 이를 반영하여 조속한 원전 폐쇄 결정을 강행했다. 시리아 난민들이 유럽, 특히 독일로 물밀듯이 유입되었을 때는 국내 반대여론에도 불구하고 인도적 차원에서 이들을 받아들였으며, 터키와의 협상을 통해 이들의 유입 수준을 감소시키는 성과를 보였다. 마지막으로 코로나19가 발생하자, 유럽 차원에서 백신 확보 등 독일과 유럽 전체의 방역을 추진했고, 팬데믹의 영향으로 어려움을 겪는 독일기업들을 빠르게 지원하여 피해를 최소화하도록 정책적인 관심을 기울였다. 메르켈 총리는 앞서 언급한 이슈들에 대한 대처에서 결국 유권자들의 지지와 공감을 끌어낼 수 있었는데, 본인의 리더십 스타일대로 '천천히 차근차근' 접근하면서 독일에서 실시하는 정책들을 EU 정책에도 투영하여 EU의 통합을 꾀하는 정책 방향을 선택했으며, 궁극적으로는 독일과 EU 내 정치·경제적 안정을 가져오는 데 기여했다고 볼 수 있다.

차례

표 / 그림 차례

I. 서론

2018년 10월 헤센(Hessen)주 선거 직후 발표된 앙겔라 메르켈(Angela Merkel) 총리의 '2021년 총선 이후 정계 은퇴' 선언은 독일을 비롯한 전 세계를 놀라게 했다.[1] 2005년 11월 집권한 메르켈 총리에게 2021년은 약 16년째 독일 연방총리직을 수행해온 해였고, 이에 따라 메르켈 총리는 독일 연방공화국 최장수 총리 반열에 들게 되었다.[2] 메르켈 총리는 집권기 동안 국내외의 수많은 굵직한 이슈들에 대처해 가면서 독일뿐만 아니라 너머 유럽의 입지를 확고히 하는 데 한 획을 그었다. EU가 공동의 목소리를 내고 국제사회에서 주요 행위자로 자리 잡는 데는 메르켈 총리가 이끄는 독일이 중요한 역할을 했다. 타임스지나 포브스지에서도 메르켈 총리를 '유럽에서 가장 영향력 있는 인물' 혹은 '세계에서 가장 영향력 있는 여성'으로 꼽기도 했다.

독일에서는 메르켈 총리에 대해 어떻게 평가하고 있을까? 설문조사에 따르면 '유능하고 신뢰할 수 있으며 강한 지도자'라는 평가가 지배적인 것으로 나타났다(그림 1-1 참고). 지난 16년간 '좋은 총리였다'라는 의견이 75%로 나타났는데, 극우 성향을 띠는 독일대안당(AfD) 지지자들을 제외하고는 초당적으로 메르켈 총리의 성과에 대해서 긍정적으로 평가했다(그림 1-2, 그림 1-3 참고). 혹시 모든 정치인들에 대해 후한 평가를 내린 것일까? 2021년 8월 여론조사에 따르면, 지지율 50%를 상회한 정치인은 앙겔라 메르켈 총리와 기독민주당(CDU)의 자매당인 기독사회당(CSU) 대표 마르쿠스 죄더(Markus Söder) 두 명뿐인 것으로 나타났다(그림 1-4 참고). 그렇다면 기민/기사당 연합 지지자들은 각 총선 때마다 기민/기사당 총리 후보에 대해서 얼마나 만족했을까? 1998년 총선의 헬무트 콜(Helmut Kohl) 후보와 2002년 총선의 에드문트 슈토이버(Edmund Stoiber) 후보에 대한 지지율이 과반을 넘기지 못했던 반면, 메르켈

---

1) "Angela Merkel will 2021 Schluss machen mit der Politik"(2018. 10. 29), 온라인 기사(검색일: 2021. 8. 17).

2) 독일 내 장기 집권한 총리는 콘라트 아데나워(1949. 9. 15~1963. 10. 11), 헬무트 콜(1981. 10. 1~1998. 10. 27), 앙겔라 메르켈(2005. 11. 22~2021. 12. 8) 세 사람이다.

총리가 후보로 출마했을 때는 처음부터 57%를 기록했고, 그 이후에는 세 차례 모두 60% 이상의 높은 지지율을 획득했다(그림 1-5 참고).

그림 1-1. 메르켈 총리에 대한 여론조사

(단위: %)

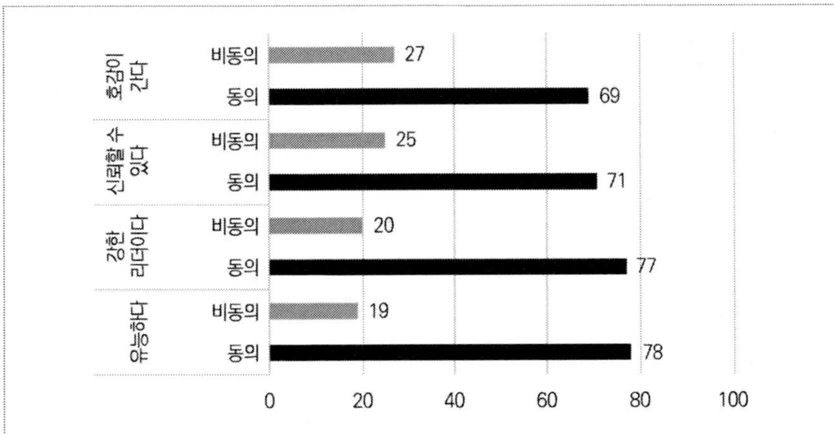

자료: "Deutschlandtrend"(2021. 8. 5), 온라인 기사(검색일: 2021. 8. 9).

그림 1-2. 메르켈 총리직 16년에 대한 일반적인 평가

(단위: %)

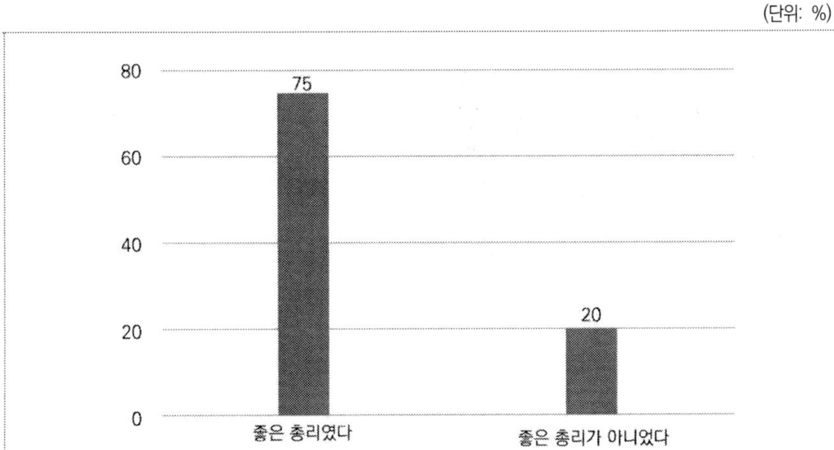

자료: "Deutschlandtrend"(2021. 8. 5), 온라인 기사(검색일: 2021. 8. 9).

그림 1-3. 지지 정당별 메르켈 총리직 16년에 대한 평가

(단위: %)

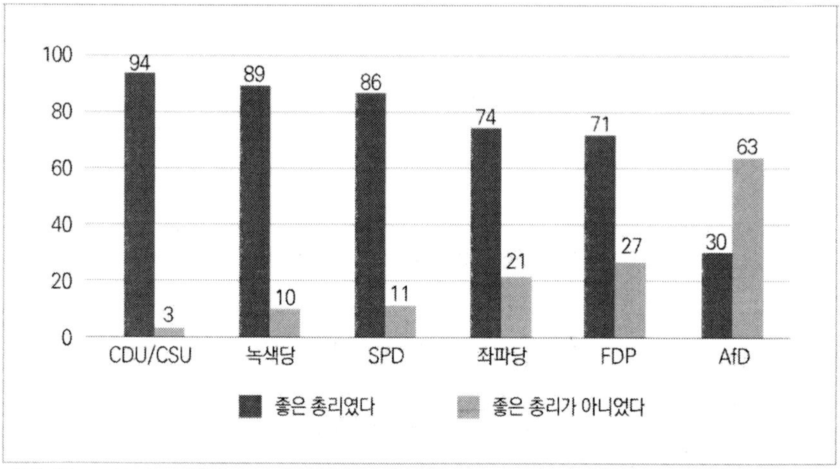

자료: "Deutschlandtrend"(2021. 8. 5), 온라인 기사(검색일: 2021. 8. 9).

그림 1-4. 독일 현 정치인에 대한 평가

(단위: %)

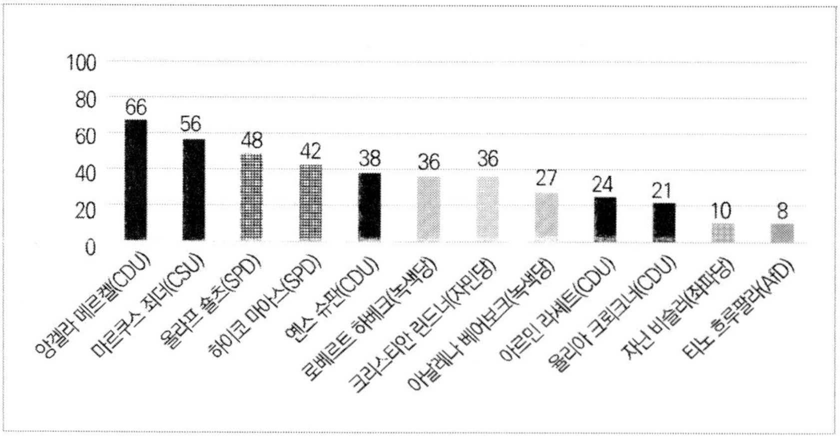

주: 2021년 8월 기준임.
자료: "Deutschlandtrend"(2021. 8. 5), 온라인 기사(검색일: 2021. 8. 9).

그림 1-5. 기민/기사당 연합 총리 후보에 대한 지지도

(단위: %)

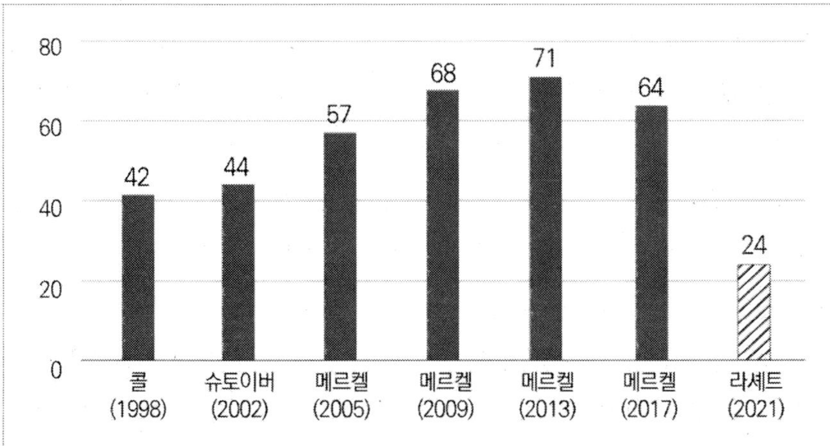

주: 2021년 8월 기준임.
자료: "Deutschlandtrend"(2021. 8. 5), 온라인 기사(검색일: 2021. 8. 9).

메르켈 총리에 대한 지지도가 다른 정치인들에 비해 상대적으로 높았다고는 하나, 집권기 내내 높게만 나타난 것은 아니다. 메르켈 정부 16년의 기간 동안 우연인지 필연인지 글로벌 금융위기를 시작으로 독일과 EU에 영향을 주는 글로벌한 숙제들이 다수 발생했다. 정책에 대한 평가는 선거를 통해 드러나기 마련이다. 기민/기사당이 2005년 정권을 잡은 이후 2009년, 2013년, 2017년 세 차례의 총선에서 연이어 승리했다는 것은 이러한 글로벌 난제들을 해결하는 과정에서 메르켈 총리의 선택을 지지한다는 증거라고 볼 수 있다. 어떤 이슈들에서 메르켈 총리를 지지하게 만든 정책들이 실행되었는지, 그 당시 그러한 정책 결정을 내릴 수 있었던 배경은 무엇인지, 만약 메르켈 총리의 리더십으로 끌어낸 정책들이 아니었다면 독일이나 유럽이 지금과 같은 위상을 지닐 수 있었을지 등의 질문이 이 연구의 시발점이 되었다.

이에 본고에서는 메르켈 총리 집권기 동안 발생했던 주요 이슈들을 중심으

로 어떤 정책 결정이 이루어졌고, 그러한 결정의 배경은 무엇인지, 특히 독일과 EU에 어떤 결과를 가져왔는지를 중심으로 살펴보았다. 주요 이슈들이 대두된 시기는 [그림 1-6]과 같으며, 본고에서는 주제별로 경제, 정치, 환경·안보로 나누어 살펴보았다. 2장의 글로벌 경제 이슈에서는 글로벌 금융위기와 유럽 재정위기 시기를 짚어보고, 미국 트럼프 행정부 당시의 보호무역주의와 대미 갈등에 초점을 맞추었다. 글로벌 금융위기는 EU의 유로화 도입 이래 가장 많은 수의 회원국을 확보한 상태에서 처음 맞이하게 된 총체적인 위기였는데, 이어서 유럽 재정위기가 나타나자 영미권을 중심으로 유로존 해체설이 힘을 얻기도 했다.[3] 이렇듯 글로벌 금융위기와 유럽 재정위기는 메르켈 총리 집권기에 나타난, EU 역사상 가장 큰 경제위기인 동시에 메르켈 총리의 리더십을 바탕으로 성공적으로 헤쳐나간 대표적인 사례이기 때문에 다루지 않을 수 없었다. 2장 2절의 주제로는 보호무역주의와 미국과의 갈등을 채택했다. 독일은 수출 강국으로서 미국 트럼프 대통령 집권기에 대미 무역흑자가 크게 나타나고 있었다. 냉전 이후 우방으로만 생각했던 미국이 경제적인 이유로 EU를 견제의 대상으로 삼으면서 독일은 물론 유럽의 '전통적인 우방'에 대한 인식이 변하게 된 중요한 사례이기 때문에 다루었다. 3장에서는 국제 정치에서 이슈가 되었던 2014년 러시아의 크림반도 합병 이슈에 대해 살펴보고, '브렉시트'에 대해서도 논의하였다. 크림반도 합병은 2차 세계대전 이후 유럽에서는 처음으로 무력을 사용해 영토를 확장한 사례였으며, EU의 대러시아 정치·경제적 제재가 필연적이었던 이슈이기 때문에 선택했다.[4] 한편 브렉시트는 EU 수립 이래 최초의 회원국 탈퇴로 EU 체제 전반에 변화를 가져온 대대적인 사건이었다는 점에서 선정하였다. 4장은 원자력발전과 관련한 환경 이슈, EU 인구구조에 변화를 가져온 난민 사태, 그리고 코로나19 팬데믹을 중심으로 구성했다. 후쿠시마 사태 이후 독일

---

3) "For Euro Nations, There Are Strings Attached"(2010. 11. 17), 온라인 기사(검색일: 2022. 3. 2).
4) "Russia's at war with Ukraine. Here's how we got here"(2022. 2. 24), 온라인 기사(검색일: 2022. 3. 2).

의 원전정책은 갑작스럽게 기존과 다른 방향을 취했고, 지금까지도 원전에 대한 독일의 입장이 연속성을 보이고 있다는 점에서 주목할 만한 이슈이기 때문에 언급했다. 이어서 2절의 난민사태는 유럽 대륙 전반이 수세적 입장을 취하던 중에 독일이 EU 차원에서 공동대응을 한 사례로, 독일의 EU 내 리더십을 보여준 중요한 이슈라고 판단되어 다루었다. 3절의 코로나19 팬데믹은 메르켈 리더십 말기 EU 차원의 정책적 대응이 두드러졌던 이슈였기 때문에 다룰 필요성이 있었다. 이어 5장을 끝으로 본고를 마무리하였다.

그림 1-6. 메르켈 집권기에 발생한 주요 이슈

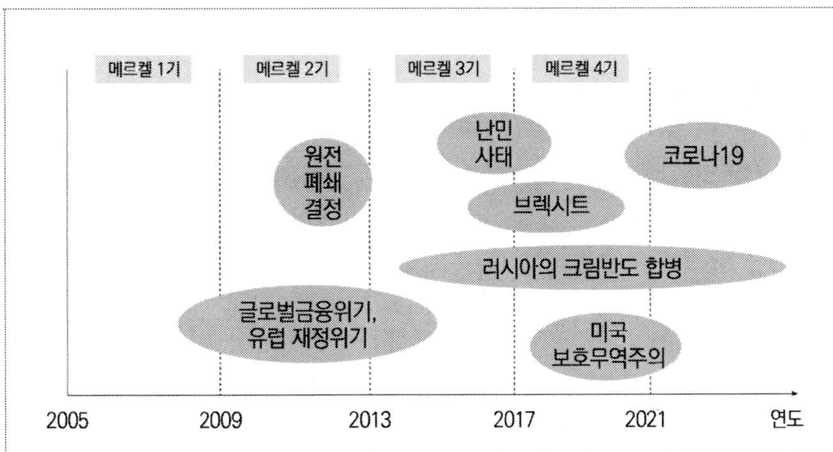

주: 원의 크기는 이슈의 중요도와 무관함.
자료: 저자 작성.

II.
글로벌 경제 이슈

1. 글로벌 금융위기와 유럽 재정위기

서브프라임 모기지로 촉발된 리먼 브라더스사의 파산이 가져온 글로벌 금융위기는 전 세계를 당혹스럽게 했으며, EU도 예외는 아니었다. 2008년 4/4분기 독일의 경제성장률은 메르켈 총리 집권 후 처음으로 전년동기대비 마이너스 성장(-1.8%)을 보였고, 2009년 1/4분기에 -7.0%로까지 하락하는 등 2009년 한 해 -5.7% 경제성장률을 나타내 독일 통일 이후 최악의 경제 상황을 맞은 것으로 기록되었다. EU나 유로존에서도 1999년 유로화 출범 이후 처음으로 -4%대의 낮은 경제성장률을 보였다(그림 2-1, 그림 2-2 참고).

하지만 일부 독일 금융기관들은 2007년 서브프라임 모기지 사태 초기부터 이미 영향을 받고 있었다. 미국 서브프라임 시장에 크게 투자했던 IKB 독일산업은행(IKB Deutsche Industriebank, 이하 IKB)은 서브프라임 모기지 사태가 발생하면서 2007년 7월 유럽은행 중에서는 처음으로 직격탄을 맞게 되었다. IKB는 중소기업 대부은행으로, IKB가 파산할 경우 금융시장의 위기가 독일 실물시장으로 번질 우려가 있었다. 이에 연방정부 출자은행인 독일재건은행(Kreditanstalt für Wiederaufbau, 이하 KfW) 등으로부터 구제금융 지원이 이루어졌고, EU 집행위원회도 2008년 10월 IKB에 대한 90억 유로 규모의 지원을 승인했다.[5] 메르켈 총리는 IKB의 위험한 선택과 은행 경영진에게 주어지는 과도한 보상에 대해 강하게 비판했는데, 유권자들은 이러한 메르켈 총리의 견해를 지지했다.[6] 독일 금융권의 위기는 IKB에서 끝나지 않고 WestLB, SachsenLB 등 다수의 주립은행(Landesbanken)과 민간은행에도 이어졌고, 이들 역시 상당 규모의 구제금융을 받게 되었다. 갑작스러운 구제금융 지원은 더 많은 흑자를 예상하던 연방재정수지의 저하에 영향을 주었다(그림 2-3 참

5) "Flashback: When the financial crisis hit Germany"(2017. 7. 28), 온라인 기사(검색일: 2021. 8. 17); "Brussels Approves Germany's Rescue of IKB"(2008. 10. 21), 온라인 기사(검색일: 2022. 2. 7).
6) Crawford and Czuczka(2013), p. 44.

고). 일각에서는 이러한 지원을 하는 데 있어 연방정부의 통제(control)가 부족했다고 평가하기도 했다.7)

그림 2-1. 독일의 분기별 경제성장률

(단위: %)

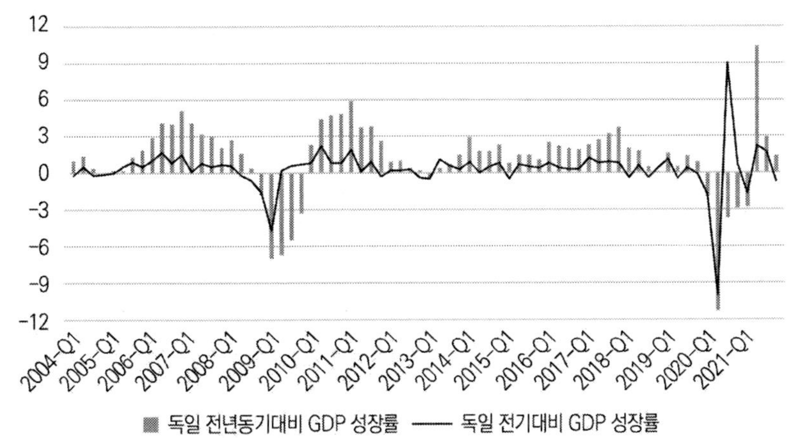

자료: Eurostat, "GDP and main components(output, expenditure and income)[NAMQ_10_GDP]," 온라인 자료(검색일: 2022. 2. 15).

7) Hellwig(2018), p. 41; "IKB rescue pushed Germany into deficit in 2007"(2008. 10. 22), 온라인 기사(검색일: 2021. 11. 1).

그림 2-2. EU, 유로존, 독일의 연도별 경제성장률

(단위: %)

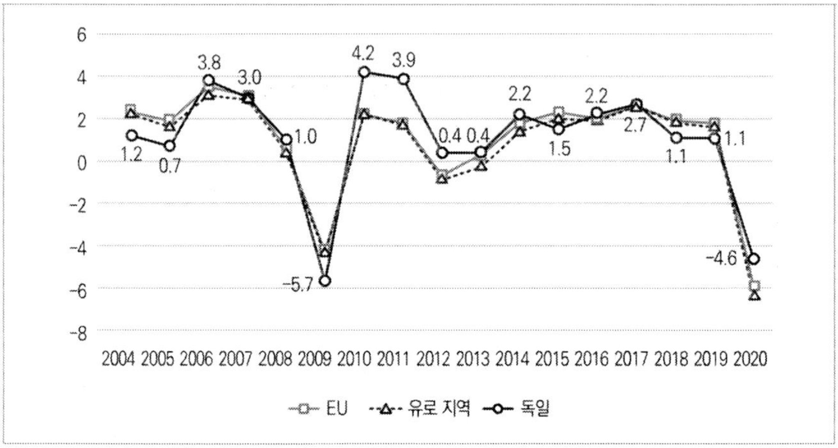

주: EU15(2004), EU27(2005~12, 2020), EU28(2013~19).

자료: Eurostat, "GDP and main components(output, expenditure and income)[NAMQ_10_GDP]," 온라인 자료(검색일: 2022. 2. 15).

그림 2-3. 연도별 GDP 대비 재정수지

(단위: GDP 대비 %)

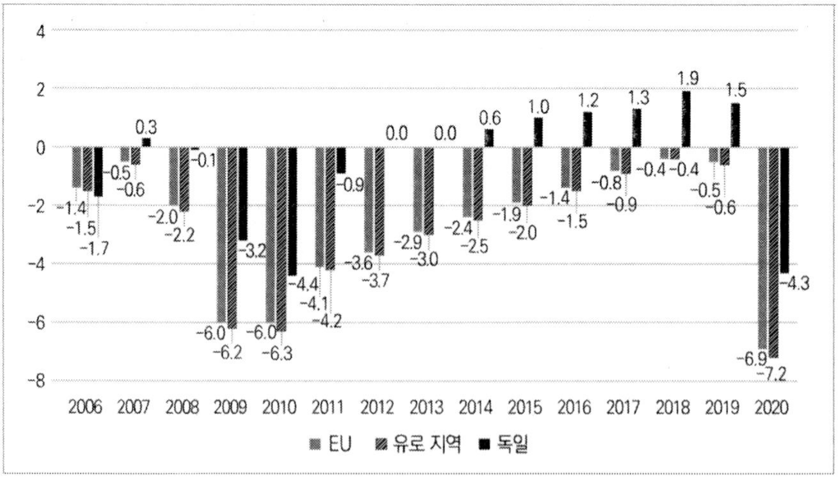

주: EU15(2004), EU27(2005~12, 2020), EU28(2013~19).

자료: Eurostat, "GDP and main components(output, expenditure and income)[NAMA_10_GDP]," 온라인 자료(검색일: 2021. 12. 9).

2008년 9월의 리먼 브라더스 사태는 독일을 비롯한 전 유럽 경제에 직격탄이 되었고 큰 충격을 야기했다. 앞에서 언급한 것처럼 독일을 비롯한 유럽 금융권에서는 신용경색과 무역 감소, 투자 및 수요 하락, 실업률 급증 등이 나타났다. 2008년 4/4분기 EU 및 유로존 경제성장률은 마이너스(각각 -2.0%, -2.2%)를 기록했으며, 2009년 1/4분기에는 경제성장률이 최저치(각각 -5.4%, -5.6%)로 떨어졌다(그림 2-4 참고).[8] 연쇄적인 위기 발생은 특히 규모가 작은 개별 EU 회원국이 단독으로 감당하기 어려운 수준으로 확대되었다. 이에 메르켈 총리와 사르코지 프랑스 대통령을 중심으로 유럽 경제의 안정을 위한 논의가 가속화되었고, EU 차원에서의 조치가 필요하다는 데 의견이 모아졌다.[9] EU 집행위원회는 그 심각성을 반영하여 2008년 11월 29일에 '유럽경제

그림 2-4. EU와 유로존의 분기별 경제성장률

(단위: %)

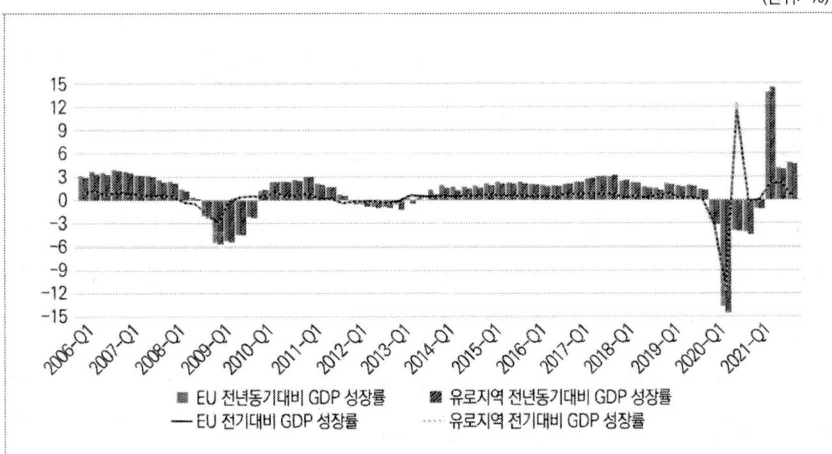

주: EU15(2004), EU27(2005~2012, 2020), EU28(2013~2019)

자료: Eurostat, "GDP and main components(output, expenditure and income)[NAMQ_10_GDP]," 온라인 자료(검색일: 2022. 2. 15).

8) European Parliament(2019), p. 2.

9) "French, German leaders push for united European response"(2008. 11. 24), 온라인 기사(검색일: 2022. 2. 7).

회생정책(European Economic Recovery Plan)'을 마련했고, 12월 11~12일에 열린 EU 정상회의에서 이를 채택하여 GDP의 1.5% 규모(당시 약 2,000억 유로)를 경기부양책에 투여하는 데 합의했다.[10)]

독일의 경우에는 금융기관들의 파산을 막고 금융시장을 안정화하기 위해 2008년 10월 17일 「금융시장안정화법(FMStG: Finanzmarktstabilisierungsgesetz)」을 발효했다. 이를 바탕으로 4,000억 유로까지의 지급보증(Guarantee)과 800억 유로의 자본 확충(Recapitalization) 및 위험자산 인수가 가능한 '금융시장안정화기금(SoFFin: Sonderfonds Finanzmarktstabilisierung)'을 조성했다.[11)] 2008년 11월 5일에는 향후 2년간을 대비하기 위한 200억 유로 규모의 첫 번째 경기부양책(Konjunkturpaket)을 발표했다.[12)] 첫 경기부양책은 투자 확대를 통한 성장 제고와 고용 안정화에 초점을 맞추었는데, KfW를 통한 기업 금융지원, 운송설비 투자, 건설업 및 자동차산업 투자, 고용지원 및 실업급여 수혜기간 연장 등의 내용으로 구성되었다. '유럽경제회생정책'의 윤곽이 형성될 무렵, 경기부양책과 함께 EU 회원국들의 부가가치세(VAT) 인하 추진을 촉구하는 의견도 있었는데, 메르켈 총리는 VAT 감소가 재정수지 감소에도 영향을 주므로 독일의 재정건정성을 고려하여 추진하지 않겠다는 입장을 확고히 했다. 범EU 차원의 VAT 인하는 영국이 중심이 되어 강력히 주장한 정책으로, 독일이 미온적으로 대처하자 당시 도미니크 슈트라우스-칸 IMF 총재가 메르켈 총

10) Council of the European Union(2009), "BRUSSELS EUROPEAN COUNCIL: 11 AND 12 DECEMBER 2008(17271/1/08, REV 1)"; European Commission(2009), "Commission adopts European Economic Recovery Plan"(모든 자료의 검색일: 2022. 2. 7).

11) SoFFin은 2008~10년 한시적 운용 목적의 기금이었으나 EBA(European Banking Authority)의 은행들에 대한 스트레스 테스트 이후 자기자본 비율을 9%까지 높일 필요성으로 인해 2012년에 재개했으며, 이후 2014년까지 운용 기간이 연장됨. "Was ist der SoFFin und woher kommt das Geld?"(2012. 1. 26), 온라인 기사; Bundesrepublik Deutschland Finanzagentur GmbH, "Finanzmarktstabilisierung," 온라인 자료; 예금보험공사(2009), 「독일의 금융시장안정화기금(SoFFin) 개요」, 온라인 자료(모든 자료의 검색일: 2022. 2. 15).

12) "Regierung beschließt Konjunktur-Stützungsprogramm"(2008. 11. 5), 온라인 자료(검색일: 2022. 2. 16).

리를 비난하기도 했다. 하지만 메르켈 총리는 프랑스 사르코지 대통령과 함께 VAT 인하에 반대하는 입장을 고수했다.[13]

독일은 2009년 경기침체로 인한 심각성이 확대되자 2009년 1월 12일에 500억 유로 규모의 2차 경기부양책(Konjunkturpaket II)을 발표했다. 2차 경기부양책에는 연방정부와 주정부 모두의 예산이 투입되는 정책으로 소득세 기본구간 14%로의 1%p 인하, 건강보험료 14.9%로의 1%p 인하, 한시적 아동수당 지급 등 소비 진작을 위한 정책이 도입되었고, 노동시장의 안정화를 위한 조업단축(Kurzarbeit), 실업자 교육 등이 포함되었다.[14] 또한 기간산업 보호를 위한 2년간의 도로·철로·수로 인프라 투자와 1,000억 유로까지의 정부 기업보증 확대가 이루어졌으며, 노후 차량을 신차로 교체 시 '폐차보조금' 지급, 저탄소 배출 및 연료 효율성이 높은 차량에 유리한 세제 도입 등 독일 제조업에서 큰 부분을 차지하는 자동차산업을 활성화하기 위한 정책이 도입되었다. 독일 유권자들은 연방정부의 적극적인 위기대응과 'EU 차원의 대응책 결정 및 추진'에 있어 '독일 주도적' 혹은 '독일에 불리하지 않은' EU 정책을 고수한 메르켈 총리를 적극적으로 지지했다. 그 결과 2009년 총선에서 기민/기사당의 압도적인 승리가 이어졌고, 메르켈 총리가 재차 집권하면서 기민/기사당과 자민당의 연정을 이끌었다.

독일은 역내무역이 침체되었음에도 중국 등 역외무역을 확대하면서 다른 EU 회원국들에 비해 빠른 경기회복세를 보였고, 2009년 이후 실업률도 감소했다(그림 2-5 참고). 독일은 2010년에는 4.2%라는 높은 경제성장률을 달성했는데, 독일의 '히든 챔피언'인 중견기업(Mittelstand)의 중요성에 대해서도 이때 인지하게 되었다.[15] 글로벌 금융위기 직후 다수의 EU 회원국에서 서로

13) "Merkel Rejects VAT Cuts, Calls for Calm in Financial Crisis"(2008. 11. 24), 온라인 기사(검색일: 2022. 2. 16).

14) BPD, "Konjunkturpaket," 온라인 자료; "Was bringt das Konjunkturpaket II?"(2009. 2. 20), 온라인 기사(모든 자료의 검색일: 2022. 2. 16).

15) Die Bundesregierung(2009), "Rede von Bundeskanzlerin Dr. Angela Merkel," 온라인 자료(검색

유사한 형태의 경기부양책을 실시했다. 경기부양책에는 상당한 재정투입이 요구되어 정부의 재정수지 적자가 불가피했지만, 각 EU 회원국의 노력과 EU 차원의 빠른 대응의 성과로 글로벌 금융위기로부터의 회복 조짐이 나타났다. 독일도 글로벌 금융위기가 아니었다면 흑자였을 재정이 2010년 GDP 대비 -4.4%로 최저점을 기록했지만, 재정건전성이 회복되어 코로나19 팬데믹 발생 직전에는 오히려 흑자재정을 기록했다. 독일은 장기적 재정안정을 위한 목적으로 2009년에 부채상한제(Schuldenbremse)를 도입하여, 기본법 제109조와 제115조에 의거하여 예외적인 상황이 아닌 이상 2016년 이후 연방정부의 재정적자는 GDP 대비 0.35%를 초과할 수 없고, 주정부는 2020년부터 균형재정을 달성하도록 정하였다.[16] 메르켈 총리는 괴테(Goethe)의 시 "각자가 자기 집 문 앞을 쓸어라, 그러면 도시 곳곳이 깨끗해진다(Ein jeder kehre vor seiner Tür, und rein ist jedes Stadtquartier)"를 인용하면서, 독일에서 실시하고 있는 재정건전화 정책들을 EU 차원에도 도입하고자 했다.[17] 재정건전성에 대한 메르켈 총리의 의지는 유로본드에 대한 입장으로까지 확대되었다. 2011년 8월 메르켈 총리와 프랑스 사르코지 대통령 간의 독-불 정상회담이 두 차례 진행되었는데, 당시 핵심 논의 사항은 유로존 유로본드의 발행 및 부채상한제 도입 여부였다. 메르켈 총리는 'EU가 안정성 추구를 위한 공동체(stability union)이지 부채공동체(debt union)가 아니'라고 강조했고, 독일이 부담해야 할 이자비용이 늘어날 것이 자명한 '유로존 공동부채'인 유로본드의 발행을 절대 수용할 수 없다는 강경한 입장을 취했다. 독일을 비롯한 북유럽 국가들이 유로본드 발행에 반대한 반면, 위기의 정도가 더 심각했던 남유럽 국가들은 유로본드 발행에 적극 찬성하면서 유로본드 발행 여부에 대한 양측의 입장 차는 좁혀지지 못했다. EU 차원에서의 부채상한제 도입 여부 또한 논란의

일: 2022. 2. 16).

16) Bundesfinanzministerium, "Schuldenbremse," 온라인 자료(검색일: 2022. 2. 16).

17) "Herrin des Experiments"(2020. 12. 29), 온라인 기사(검색일: 2022. 2. 3).

중심이었는데, 당시 바호주(Barroso) EU 집행위원장은 독일과 마찬가지로 장기적으로 지속가능한 공공재정을 위해서는 부채상한제가 반드시 필요하다는 입장이었다. 하지만 영국 등에서 크게 반대했고, 유럽 재정위기가 확대되는 상황에 이르면서 결국 독일이 추진한 부채상한제는 도입되지 못했다.

그림 2-5. EU, 유로존, 독일의 실업률(15~74세)

(단위: %)

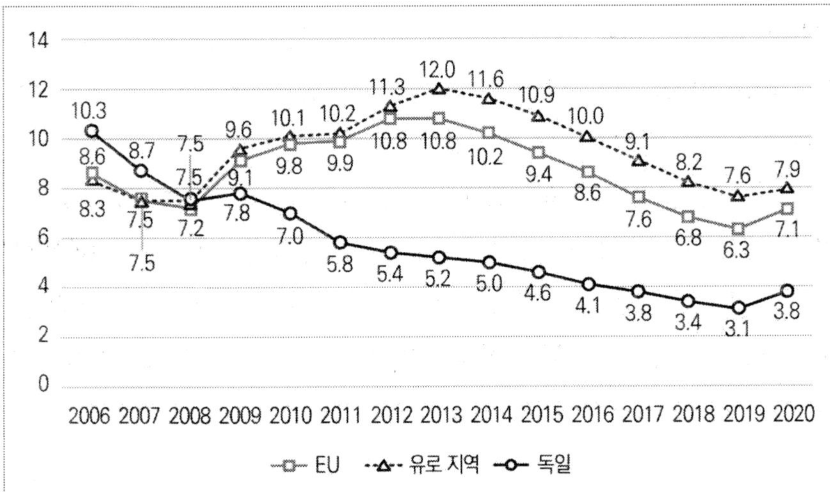

주: EU27(2006~12, 2020), EU28(2013~19).
자료: Eurostat, "Unemployment rate by age[TEPSR_WC170]," 온라인 자료(검색일: 2022. 2. 15).

2009년 그리스 디폴트 위기를 시작으로 한 유로존 재정위기는 2013년까지 남유럽 유로존 국가들을 중심으로 이어졌다. 포르투갈, 아일랜드, 이탈리아, 스페인 등에서도 재정위기가 나타났고, 거시경제 불균형이 겹쳐지면서 점차 중동부 유럽 국가들에까지 영향이 확대되었다. 재정위기의 확산은 EU 회원국들의 결속력을 시험한 시기라고 볼 수 있다. 유로존 재정위기가 지속되는 동안 메르켈 총리를 중심으로 각 EU 회원국 정상이 모여 은행권에 대한 규제 강화 논의와 함께 대대적인 구제금융 지원 실시를 결정했다. 특히 남유럽 국가들에 대한 구제금융 지원은 그 규모나 상환 가능성 측면에서 경제성 논리를 적용하기 어려웠음에도 불구하고 추진되었는데, 메르켈 총리의 "유로화의 실패는 유럽의 실패이다(If the euro fails, Europe fails)"라는 언급에서 지원 이유를 짐작해 볼 수 있다.[18] EU가 존재해야 독일의 국익을 극대화할 수 있고, EU를 지탱하기 위해 위기에 처한 회원국들을 탈퇴시켜서는 안 되기 때문이다. 즉 유로존 붕괴는 EU의 붕괴로 이어질 수 있다고 본 것으로 사료된다. 메르켈 총리는 독일 내부의 남유럽 국가들에 대한 구제금융 지원 반대의 목소리를 감안하여 위기국들에 대한 지원을 강행하되 수혜국들에 엄격한 잣대를 적용했고, 그리스를 비롯한 남유럽 국가들의 유로존 탈퇴설을 일축했다.

EU 회원국들은 글로벌 금융위기와 유로존 재정위기를 통해서 자국 내 혹은 역내 위기가 닥쳤을 때 EU라는 보호막이 있음을 실감할 수 있었고, 이러한 EU의 정책 결정에 독일이 큰 역할을 하고 있음을 확인하게 되었다. 메르켈 총리는 이 위기들을 통해 EU와 유로존의 결속력 강화에 큰 역할을 했고, 독일의 지도자를 넘어 'EU의 지도자'로서의 존재감을 드러내게 되었다.

2. 보호무역주의와 대미 갈등

2018년 6월 G7 정상회담에서 팔짱을 낀 트럼프 대통령과 맞은 편에서 양손으로 책상을 짚고 있는 메르켈 총리, 이 둘을 다른 국가 정상들이 에워싼 사진이 찍혔다.[19] 독일 측 기자단에서 찍은 것으로 알려진 이 장면은 당시 메르켈 총리와 트럼프 대통령 간의 관계를 여실히 드러냈다. 제2차 세계대전 이후 서

18) CSIS, "'If the euro fails, Europe fails,' according to German chancellor Angela Merkel. And if Europe fails, we all fail," 온라인 자료(검색일: 2022. 2. 1).
19) "Merkel's G7 photo says everything about Trump's diplomacy - or does it?"(2018. 6. 10), 온라인 기사(검색일: 2021. 8. 17).

독과 미국은 돈독한 우방이 되었고, 이 관계는 통일 후에도 이어졌다. 그러나 이러한 독미관계는 미국 트럼프 행정부가 들어서면서 금이 갔다. 트럼프 대통령은 2017년 집권 후 보호무역주의를 강화해갔는데, 주요 표적은 중국이었지만 EU와 독일도 비난의 화살을 피해갈 수가 없었다. 트럼프 대통령은 EU의 대미 무역흑자, 특히 독일의 대미 무역흑자가 "나쁘다(bad)"고 공개적으로 비난했다.[20] 트럼프 대통령이 지적하기 전부터 이미 많은 학자들이 독일의 과도한 경상수지 흑자에 대한 우려를 제기해왔다. 독일의 경상수지 흑자는 2011년 이후 GDP의 6% 이하로 떨어진 적이 없었는데, 2014~19년에는 GDP 대비 7%를 넘어선 것으로 나타났다(그림 2-6 참고). 홍태희(2014)에서도 독일의 지나친 EU 역내 경상수지 흑자를 지적했는데, 독일은 유로존 재정위기 이후 EU 경제가 침체를 맞아 역내 수출이 위축되자 역내 교역에서의 손실분을 보전하고자 역외로 눈길을 돌렸다.[21] 2009년 이후 EU의 대미 상품무역의 흑자 규모가 확대되었고, 2014년부터 EU의 대미 무역흑자는 1,000억 유로를 상회했으며, 대미 흑자 규모의 약 절반 정도는 독일로부터 창출되었다(그림 2-7 참고). 트럼프 대통령이 독일을 비난했을 당시 독일의 대미 무역흑자는 1,068억 유로(2016년)에 이르렀는데, 대부분의 대미 흑자는 자동차(SITC78)에서 압도적인 우위가 나타났고, 의약품(SITC54), 전기기계·기기(SITC77), 일반산업기계·기기(SITC74)를 중심으로도 나타났다.

트럼프 대통령은 미국과 유럽의 무역투자 관계 강화를 위해 2013년부터 진행되어온 범대서양무역투자파트너십(TTIP) 논의를 백지화했고, 중국과는 무역전쟁으로까지 비화되는 갈등을 드러냈다. 트럼프 대통령의 '미국 제일주의(America First)'는 대미 무역흑자를 기록하는 모든 국가들을 비난했고, 한국도 여기에 포함되어 있었다. EU 회원국 중에서 미국 보호무역주의의 가장 큰

20) "Trump slams Germany's US trade surplus as 'bad'"(2017. 5. 26), 온라인 기사(검색일: 2021. 8. 17).

21) 홍태희(2014), pp. 64~65.

피해자는 독일이었으므로 무역 강국인 독일을 중심으로 미국에 대응해야 한다는 기조가 형성되었고, 자연히 메르켈 총리가 '자유무역주의 서방'을 대표하는 인물이 되었다. 메르켈 총리는 트럼프 대통령과의 양자회담 및 기자회견 등을 통해 입장 차를 좁혀보려 했으나 결국 서로 악수조차 하지 않을 정도로 관계가 틀어지게 되었다.22) 메르켈 총리가 이끄는 독일과 EU는 자유무역에 대한 의지를 굽히지 않았기에 보호무역주의를 앞세운 트럼프 대통령과의 충돌이 더욱 거세질 수밖에 없었다. 이후 무역 갈등은 심화되어 상호 보복관세를 부과하기도 했는데, 2019년 10월 미국은 EU에서 생산되는 철강 및 알루미늄뿐만 아니라 치즈, 와인, 올리브 등 넓은 범위의 품목들에 대해 75억 달러에 이르는 관세부과를 결정했다. 이를 두고 일부 언론에서는 미국과 EU 간 관계가 '나쁨'에서 '무(無)'로 진행되었다고 보도하기도 했다.23) 독일을 비롯한 EU 회원국들이 기존에 추진하던 무역 대상국 및 투자지역 다변화가 이를 계기로 가속화되었지만, 미국과의 무역 감소로 인한 EU 경제성장에의 부정적인 영향은 피할 수 없었다.24) 골이 깊어진 미국과 EU 간의 갈등은 트럼프 대통령이 퇴진하고 바이든 대통령이 집권해서야 회복세를 보였다.25)

22) "Trump and Merkel tried-and failed-to hide their differences in Washington"(2018. 4. 28), 온라인 기사(검색일: 2022. 2. 1).

23) "Trump's relationship with Europe goes from bad to nothingness"(2020. 6. 3), 온라인 기사(검색일: 2022. 2. 1).

24) "US imposes record $7.5 billion tariffs on European goods"(2019. 10. 18), 온라인 기사(검색일: 2022. 2. 1).

25) "'Let's think big' - Germany wants to work closely with Biden on trade, China, climate"(2021. 2. 15), 온라인 기사(검색일: 2022. 2. 16).

그림 2-6. 독일의 GDP 대비 경상수지

(단위: GDP 대비 %)

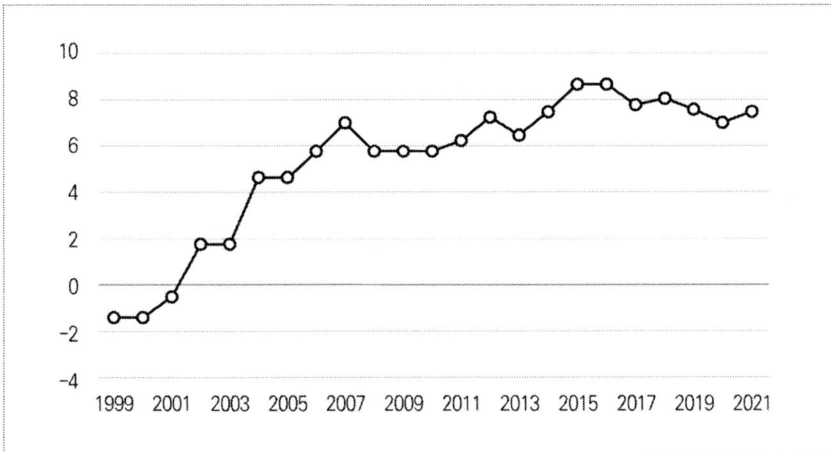

자료: Eurostat, "Net Lending/Borrowing(current and capital account) - annual data," 온라인 자료(검색일: 2022. 3. 2).

그림 2-7. EU와 독일의 대미 상품교역

(단위: 십억 유로)

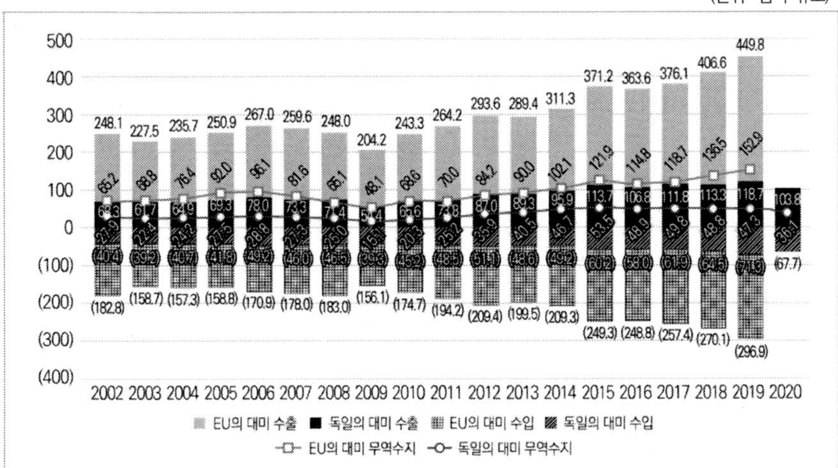

자료: Eurostat, "Extra-EU trade by partner"; Destatis Genesis-Online, "Aus- und Einfuhr(Außenhandel): Deutschland, Jahre, Länder"(모든 자료의 검색일: 2021. 8. 17).

Ⅲ.
국제 정치 이슈

1. 러시아의 우크라이나 크림반도 합병

2013년 말 우크라이나의 경제 상황이 악화되면서 우크라이나 야누코비치 정부가 기존에 추진하던 EU와의 제휴협정(Association agreement) 대신 러시아와의 협력을 선택했는데, 이것이 '우크라이나 위기'의 발단이 되었다.[26] 대규모 반정부 시위가 일어났고, 이를 진압하는 과정에서 유혈사태가 발생했다. 이로 인해 2014년 2월 야누코비치 우크라이나 대통령이 탄핵되면서 친서방 과도정부가 들어섰다. 친러 성향이 강한 크림반도 지역에서는 이에 반발하여 크림자치공화국으로 분리하기 위한 움직임이 활발하게 나타났다. 2014년 3월 크림반도지역 주민투표에서 97%가 우크라이나가 아닌 러시아에 속하는 것에 찬성했고, 푸틴 러시아 대통령은 크림반도 내 러시아 군의 주둔과 함께 크림자치공화국의 '러시아 귀환'을 환영했다.[27] 미국과 유럽 국가들은 러시아의 크림반도 합병을 거세게 비난하면서 제재를 가했다. EU는 러시아와의 비자면제협정과 EU-러시아 협정(New Agreement) 협상을 중단하기로 했고, 러시아 및 크림자치공화국 인사들에 대한 자산동결, 은행거래금지 등의 경제제재 조치 및 입국금지를 실시했다. 2014년 7월 우크라이나 동부에서 일어난 말레이시아 여객기 미사일 피격사건 이후에는 대러 제재의 강도를 더욱 강화했다.[28] 또한 7개국(캐나다, 프랑스, 독일, 이탈리아, 일본, 영국, 미국) 정상과 EU 정상회의 상임의장 및 EU 집행위원장은 2014년 6월 러시아 소치에서 개최하기로 했던 G8 회담에 불참하는 것은 물론, 러시아를 G8에서 제명하고 2014년 장소를 벨기에 브뤼셀로 옮겨 회담을 개최했다.[29]

---

26) 강부균(2014), p. 3.
27) "Ukraine crisis: an essential guide to everything that's happened so far"(2014. 4. 13), 온라인 기사(검색일: 2021. 8. 17).
28) 강유덕, 이현진(2014), p. 3.
29) European Council, "Brussels G7 summit, Brussels, 4-5 June 2014," 온라인 자료(검색일: 2021. 8. 17).

EU의 입장에서는 러시아와 우호적인 관계를 유지하는 것이 경제적으로 더 유리하지만, 크림반도 합병은 유럽의 평화, 인권 등 EU가 추구하는 가치에 배치되는 행위였기 때문에 용납할 수 없었다. 대러시아 경제제재는 긴밀하게 이루어져온 EU와 러시아 간 무역·투자를 내던지는, 양측 모두 손해를 볼 수밖에 없는 결정이었다. 더욱이 대러시아 상품교역을 하는 EU 회원국 중에서도 독일은 그 규모가 22.9%(744억 유로)로 가장 큰 비중을 차지하고 있었고, 특히 단일품목으로는 석유, 석유제품 및 관련 물질(SITC33)의 수입이 228억 유로(2013년 기준)에 달했다.[30] 즉 독일의 대러시아 에너지 의존도는 매우 높은데, 특히 대러 가스 수입 의존도는 전체 가스 수입 규모의 약 30%에 이르는 것으로 알려져 있다.[31] 당시 독일은 물론 EU 차원에서 에너지 공급 다변화정책의 일환으로 발트해를 건너 러시아와 독일을 잇는 가스 파이프라인 프로젝트인 노드스트림 2(Nordstream 2)가 추진되고 있었다. 따라서 독일 정치권에서는 대러시아 경제제재 결정 과정을 전략적으로 길게 끌고 가기를 원했지만, 메르켈 총리는 이를 조속히 진행시켰다. 물론 우크라이나 사태에 대한 대응으로 대러시아 경제제재 외에도 우크라이나에 병력을 배치하는 것도 고려할 수 있었을 것이다. 메르켈 총리는 당시 EU를 비롯한 전 세계 지도자 중에서 푸틴 대통령을 가장 오랜 시간 겪어왔기 때문에, 병력 배치가 오히려 푸틴 대통령에게 추가적인 빌미를 제공할 수 있다고 보았다. 따라서 그보다는 러시아에 상품 공급이 원활하게 이루어지지 않도록 하는 것이 더 효과적일 것이라 판단하여 대러 제재 강화를 주장했다.[32]

러시아는 EU의 경제제재에 대한 대응 수단으로 에너지 수출가격 인상 카드를 쥐고 있었는데, 양측이 걷잡을 수 없는 상황으로 치닫는 경우 러시아산 에너

30) 강유덕, 이현진(2014), pp. 6~7.
31) "Factbox: How dependent is Germany on Russian gas?"(2022. 2. 24), 온라인 기사(검색일: 2022. 2. 28).
32) Mushaben(2018), pp. 154-155.

지 수입에 의존적인 독일이 가장 부담스러운 위치에 있었을 것이다. 그럼에도 불구하고 대러 제재를 추진한 것은 메르켈 총리의 우크라이나 사태에 대한 접근이 외교적이라기보다는 인도적이었다는 분석에 힘을 실어준다.[33] 2015년 1월 러시아와의 대치가 장기화되자 프랑스 올랑드 대통령을 비롯한 일부에서는 러시아에 대한 부분적인 제재 완화를 바랐지만, 메르켈 총리는 러시아가 우크라이나와의 합의(민스크 합의, Minsk Accords)를 이행하되, 이를 EU가 모니터링할 수 있어야만 제재 완화가 가능하다는 점을 분명히 하면서 강경한 대응을 요구했다.[34]

메르켈 총리는 러시아의 우크라이나 크림반도 합병에 대해 독일 정치권 및 EU 차원에서도 정책적 중심을 잡는 역할을 했다고 볼 수 있다. 즉 독일 내 정치권의 요구와는 달리 신념에 따라 분명한 노선을 신택하여 대러 제재가 조속히 이루어지게 하는 데 큰 역할을 한 것이다. 또한 대러 제재에 있어 독일이 리더십을 보여 다른 EU 회원국 및 역외국들의 참여를 독려함으로써 사회적 압력(peer pressure)을 통한 경제제재의 실효성을 높이고자 했다. 즉 직접 충돌을 피하면서 취할 수 있는 가장 현실적인 선택을 했다고 본다.

2. 브렉시트: 영국의 EU 탈퇴와 EU의 회원국 지키기

2016년 6월 23일 영국의 EU 탈퇴 찬성 여부에 대한 국민투표가 실시되었는데, 투표 전 많은 전문가들이 1975년 영국의 EU 탈퇴 국민투표 때와 마찬가지로 영국 국민들이 결국 EU 잔류를 선택할 것이라고 생각했다. 메르켈 총리도 "영국의 EU 잔류는 모두에게 득이 되는 일"이라고 언급하는 등 영국 국민을 설

---

33) BDP, "Analyse: Deutschland im Russland-Ukraine-Konflikt: eine politische oder eine humanitäre Aufgabe?" 온라인 자료(검색일: 2022. 2. 1).
34) "Merkel Sticks to Tough Line on Russia Sanctions"(2015. 1. 9), 온라인 기사(검색일: 2022. 2. 1).

득하고자 했다.[35] 하지만 뜻밖에도 탈퇴를 찬성하는 쪽이 과반을 이루면서 확장만을 거듭하던 EU가 새로운 국면을 맞이하게 되었다. 투표 결과 발표 직후 당시 도날드 투스크(Donald Tusk) EU 정상회의 상임의장은 "EU는 이러한 네거티브 시나리오에 대응할 준비가 되어 있다"라고 했고, 다른 27개 EU 회원국 또한 내부적인 결속을 다지는 한편 영국을 역외국으로 대하기 시작했다.[36] 메르켈 총리도 "EU 통합에 찬물이 끼얹어진 순간"이라고 하면서 태도를 바꾸어 영국에 대해 매우 단호한 모습을 보였다.[37] 2017년 3월 29일 영국정부가 정식으로 EU 탈퇴 신청을 하면서 2년의 탈퇴시한이 주어졌지만, 영국 측의 요청에 의해 여러 차례 연장되었고 마침내 2020년 1월 31일 영국이 EU와 결별하게 되었다.

영국의 탈퇴가 결정되면서부터 EU와 영국 사이의 현재와 미래, 즉 인적 이동과 보호 및 국경 설정, 향후 무역 및 경제 협력, 안보와 방위 등에 대한 고민이 시작되었다. 그중에서도 가장 큰 이슈는 무역협상이었다. EU와 영국 간의 무역협상이 시작되자 메르켈 총리는 EU27의 미래에 초점을 맞추어 영국과의 협상에 임하되 이 협상이 조속히 타결되기를 바랐다.[38] 브렉시트로 인한 경제적 타격은 영국이 가장 클 것으로 예상되었지만, 독일이나 EU 회원국들에도 부정적인 영향이 있기는 마찬가지였다. 2019년 독일상공회의소(DIHK)의 조사에 따르면, 영국에서 영업 중인 독일기업의 38%가 전년대비 상황이 나빠졌다고 답변했고, 71%가 앞으로 더 안 좋아질 것으로 예상했다.[39] 게다가 무역협상이 지지부진하게 진행되면서 불확실한 미래가 더한 부담으로 작용했다. EU

---

35) "Angela Merkel warning as she urges UK to stay in EU"(2016. 6. 2), 온라인 기사(검색일: 2022. 2. 28).
36) European Council, "Press statement by President Donald Tusk on the outcome of the referendum in the UK," 온라인 자료(검색일: 2022. 2. 28).
37) "Brexit vote marks a watershed moment for Europe: Merkel"(2016. 6. 24), 온라인 기사(검색일: 2022. 2. 28).
38) "Merkel wants good-spirited Brexit talks, focus on EU 27"(2017. 6. 22), 온라인 기사(검색일: 2022. 2. 28).
39) DIHK(2019), pp. 4-5.

와 영국 간의 무역협상은 대외적으로 EU가 영국 없이도 견고하다는 것을 보여주고, 대내적으로는 자국의 이익 보호 및 대변에 있어 EU라는 테두리 안에 있는 것이 얼마나 더 유리한지를 보여주는 첫 번째 시험대였다고 볼 수 있다.

메르켈 총리가 “브렉시트 무역협상이 실패할 경우에 대한 EU 측 대비가 되어 있어야 한다”라고 언급할 만큼 양측이 좀처럼 타협점을 찾기 어려웠는데, EU 차원에서는 영국이 EU를 떠나기로 한 이상 2020년 연말까지로 예정된 ‘전환기(transition period)’ 내에 설령 ‘노딜(no deal)’로 협상이 깔끔하게 마무리되지 않더라도 편의를 봐주지 않겠다는 입장이었다.[40] 마크롱 대통령이 이끄는 프랑스는 특히 어업 부문에서 영국과 각을 세웠는데, 어업 부문을 희생하느니 노딜도 불사하겠다는 입장을 보였다. 물론 노딜로 협상이 끝날 가능성에 대해 EU보다 영국이 더 조급해하기는 했으나, 독일 역시 빨리 결론짓고 싶어했다. 일각에서는 EU와 영국 간 무역협상의 성공과 실패가 메르켈 총리에게 달렸다고 말하기도 했다.[41] 메르켈 총리는 EU27 회원국을 결집시키는 역할을 하는 동시에 독일이 EU 의장국을 맡은 2020년 하반기 내에 협상을 마무리하는 성과를 보이고자 회원국들로 하여금 영국과의 협상에 더욱 현실적으로 접근하도록 촉구했다.[42] 한편 영국 보리스 존슨(Boris Johnson) 총리에게는 ‘영국이 협조하지 않으면 EU가 노딜로 협상을 끝낼 수 있으며, 독일도 이를 받아들일 것임’을 시사하면서 노련한 중재자 역할을 했다.[43] 그 결과 전환기가 끝날 무렵인 2020년 12월 24일에 협상을 극적으로 타결하면서, 독일이 EU 의장국을 맡은 동안 무역협상을 마무리하는 성과를 올렸다.

---

40) “Brexit: EU must prepare for no-deal, Merkel warns”(2020. 7. 1), 온라인 기사(검색일: 2022. 2. 28).
41) “Brexit talks on the edge; Angela Merkel holds key to a deal or no-deal”(2020. 10. 17), 온라인 기사(검색일: 2022. 2. 28).
42) “Merkel calls for realism from EU in Brexit talks”(2020. 10. 14), 온라인 기사(검색일: 2022. 2. 28).
43) “Germany will accept no deal if UK won't move on Brexit competition demands, says Merkel”(2020. 12. 9), 온라인 기사(검색일: 2022. 2. 28).

Ⅳ.

환경·안보 이슈

1. 독일 원전 전략의 변화와 환경정책

2011년 3월의 지진이 일으킨 쓰나미로 인한 일본 후쿠시마 원전 사고는 모든 원자력발전소의 안전성에 대한 우려를 유발했다. 독일 내에서도 원전을 반대하는 움직임이 나타났고, 결과적으로 원전의 단계적 폐쇄는 저탄소를 추구하는 독일의 '에너지 전환(Energiewende)'에서 중요한 부분을 차지하게 되었다. 독일에서 오랫동안 원전을 반대해온 정당은 녹색당이었다. 이에 비해 기민/기사당 연합은 원전을 찬성하는 입장을 취해왔고, 메르켈 총리도 원자력에너지의 평화적인 사용을 강조하면서, 원전의 단계적 폐쇄를 추진한 슈뢰더 전 총리를 힐난하기도 했다.[44] 심지어 기민/기사당과 자민당의 우파연정 초기에는 원전의 단계적 폐쇄를 뒤집기도 했다. 하지만 후쿠시마 원전 사고 이후 원전에 대한 독일 내 여론이 더욱 비판적으로 돌아섰고, 2011년 3월 기민당의 터전이었던 바덴뷔르템베르크주 선거에서 녹색당이 제1당의 자리를 차지하는 등 직접적인 영향이 나타났다.[45] 이에 2011년 6월 연방정부는 '2022년까지 독일 전체 원전의 단계적 폐쇄'를 제안했고 2017년부터 원전 폐쇄가 실시되었다(그림 4-1 참고). 이후 메르켈 정권에서 취하는 에너지 전환정책은 원전이 폐쇄된다는 가정하에 진행되었는데, 원전 폐쇄로 인해 발전량이 2010년 대비 23%가 줄어드는 만큼 다른 친환경에너지원을 통해 이를 충당할 필요가 있었다. 2020년 기준 재생에너지로 인한 전력생산의 비중은 50.5%로 확대된 반면, 원자력발전의 비중은 13%로 감소했다(그림 4-2 참고).

---

44) "How Fukushima triggered Germany's nuclear phaseout"(2021. 3. 10), 온라인 기사(검색일: 2022. 2. 1).

45) "The history behind Germany's nuclear phase-out"(2021. 3. 9), 온라인 기사(검색일: 2022. 2. 1).

그림 4-1. 독일 원전 폐쇄 일정 및 원전을 통한 발전량 변화

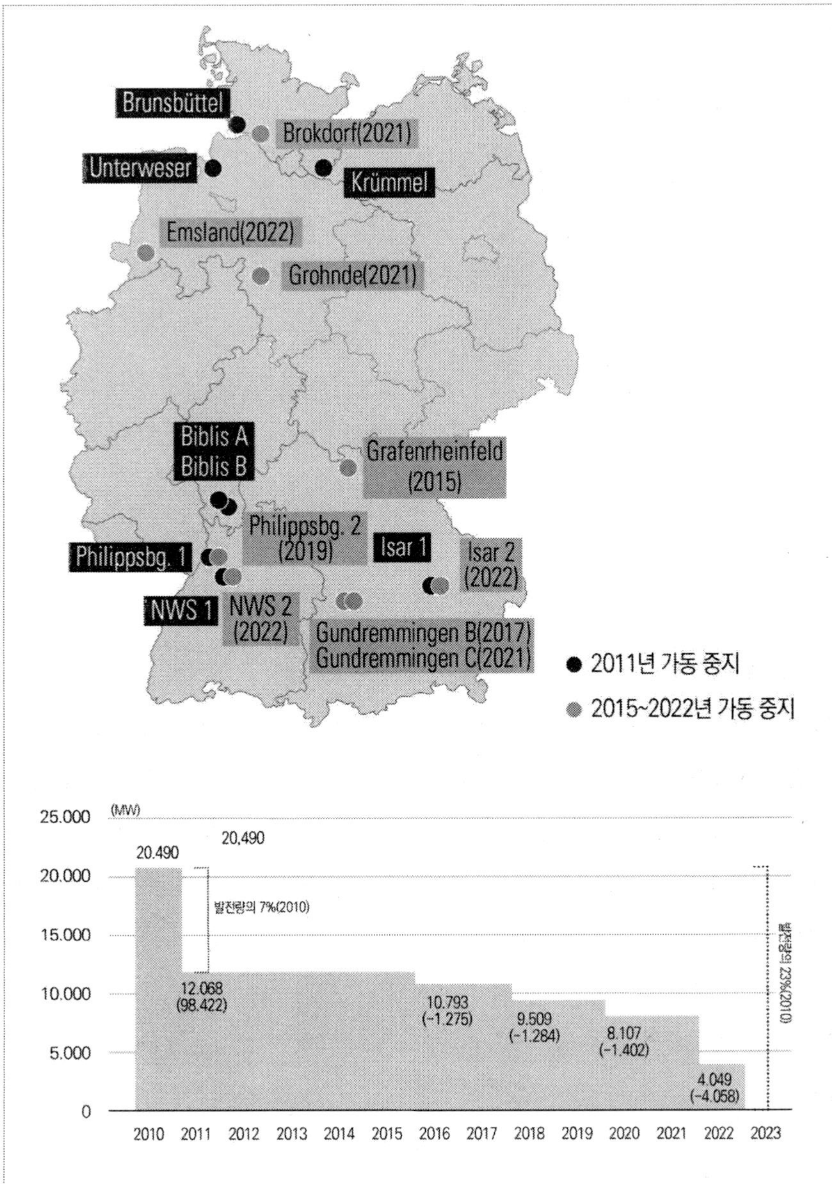

자료: Bundesregierung, "Ausstieg aus der Kernkraft," 온라인 자료(검색일: 2021. 8. 17).

그림 4-2. 독일 전력생산 에너지믹스(2020년 기준)

(단위: %)

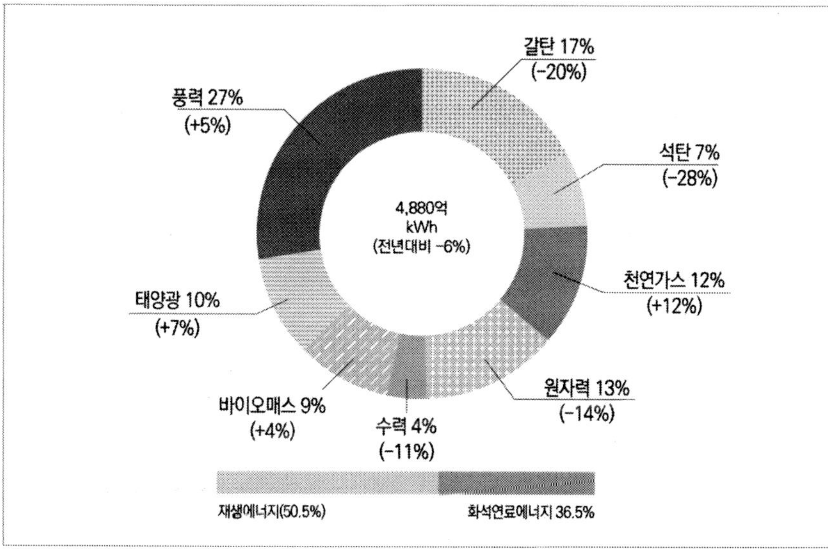

자료: "How Fukushima triggered Germany's nuclear phaseout"(2021. 3. 10), 온라인 기사(검색일: 2022. 2. 1).

메르켈 총리는 집권기 동안 환경의 중요성에 대해 강조해왔고 글로벌 기후 변화 대응에 관련해서도 상당한 영향력을 행사했다. '기후 총리(Klimakanzlerin)'로 불리기도 한 메르켈 총리는 환경부 장관직(1994~98년) 수행 당시 겪었던 1997년 교토의정서 추진 경험을 살려 국제적인 무대에서도 다양하게 활약했는데, 특히 독일이 G8 회담 주최국인 동시에 상반기 EU 순회의장국이던 2007년에 많은 성과를 냈다. 2007년 G8에서 IPCC(Intergovernmental Panel on Climate Change)를 강하게 추진했고, 이산화탄소 배출감소 목표 설정에 있어 선진국들의 합의를 끌어냈으며, EU 차원의 이산화탄소 배출감소 목표를 도입하는 데 크게 기여했다.[46] 2009년 UN 기후회의에서 '2020년까지 이산

46) "Merkel: G8 Reaches Compromise to Curb Climate Change"(2007. 6. 7), 온라인 기사(검색일: 2022. 2. 1).

화탄소 배출 25% 절감'을 추진하는 데는 실패했으나, 독일이 G7 회담을 주최한 2015년 6월 G7 정상들이 탈탄소화를 약속하도록 강력히 주장했고, "야심차고, 포괄적이고, 공정하면서 구속력 있는" 합의를 이끌어 파리기후협정이 성공적으로 이루어지는 데 크게 공헌했다.[47)]

메르켈 총리 집권기 동안 독일의 환경정책은 EU보다 한발 앞선 모습이었다고 볼 수 있다. EU는 장기전략으로서 2050년까지 '온실가스 순배출 0(넷 제로, net zero)'인 '기후중립'을 목표로 하고 있고, '2030년까지는 온실가스 배출량을 1990년의 55% 수준으로 감축'하겠다는 목표를 발표했다.[48)] 독일도 2019년 기후변화법(Bundes-Klimaschutzgesetz)을 통해 동일한 목표를 세웠는데, 2021년 5월에는 이를 야심차게 5년이나 앞당긴 '2045년까지의 기후중립 달성 계획'을 발표했다.[49)]

2. EU 난민사태

2015년 4월경 작은 보트를 타고 지중해를 경유하던, 약 1,500명에 이르는 유입민들의 사망 소식은 유럽으로 향하는 비정규 유입민에 대한 관심을 집중시켰다. 2011년부터 시작된 시리아 내전으로 내몰린 시리아 난민들이 갑작스럽게 대거 유럽으로 향하면서 유럽 내 이민에 대한 태도 변화에 직접적인 영향을 주기도 했다. EU에서의 신규 난민신청 건수는 2015년 기준 약 126만 명으로 전년대비 123% 이상 증가한 모습을 보였고, 이 중 시리아 출신이 약 29%로 단일 국가로서는 가장 높게 나타났다. 시리아를 비롯한 중동 및 아프리카로부터 한 해 백만 명이 넘는 이주민이 유럽으로 유입되면서 그들의 이동경로에 있는

47) "The story of "Climate Chancellor" Angela Merkel"(2021. 12. 7), 온라인 기사(검색일: 2022. 2. 1).
48) European Commission, "2050 long-term strategy," 온라인 자료(검색일: 2022. 3. 5).
49) "Germany Targets More Ambitious 2045 Net-Zero Emission Goal"(2021. 5. 5), 온라인 기사(검색일: 2022. 2. 16).

쉥겐 지역 EU 회원국들을 긴장시켰고, 쉥겐협정이 자유로운 인적 이동을 보장함에도 오스트리아, 헝가리, 덴마크, 스웨덴 등 다수의 회원국이 국경을 통제하기도 했다.

난민신청은 최초 도착지에서 이루어지는데, 난민으로 인정받을 경우 해당 국가에서 보호와 지원을 받을 수 있다. 그러나 회원국별로 제공하는 혜택이 상이하고 난민 인정 여부 또한 각 회원국의 소관이기 때문에 기회가 더 많은 곳으로 유입민들이 몰리는 경향을 보였다. 특히 EU 내에서 경제 규모가 가장 큰 독일에서의 난민신청 비중이 압도적으로 높았는데, 2015년 기준 독일에서만 약 44만 2,000건의 신규 난민신청이 이루어졌다. 이는 EU 전체 신규 난민신청 건수의 35.2%에 이르며, 2016년에는 59.9%로 확대되었다(그림 4-3 참고). 독일 내 시리아 출신의 신규 난민신청 건수는 2014년 약 3만 9,300명에서 2015년 약 15만 8,700명, 2016년에는 26만 6,300명으로 최고치를 기록한 이후 감소세를 보였다(그림 4-4 참고). 독일 곳곳에 난민주거지가 생겨나고 난민에게 의식주 및 일할 권리가 주어지는 '난민으로서의 혜택'에 대해 일부에서 불만이 불거지기도 했다. 메르켈 총리는 2015년 8월 독일 내 난민 증가에 대해 "우리는 할 수 있다(Wir schaffen das)"라고 했고, 이후 독일의 난민수용에 대해 적극적인 모습을 보였다.[50]

---

50) "How Angela Merkel's great migrant gamble paid off"(2020. 8. 31), 온라인 기사(검색일: 2022. 2. 10).

그림 4-3. EU28의 신규 난민신청 중 독일에서의 신청 비중

(단위: %)

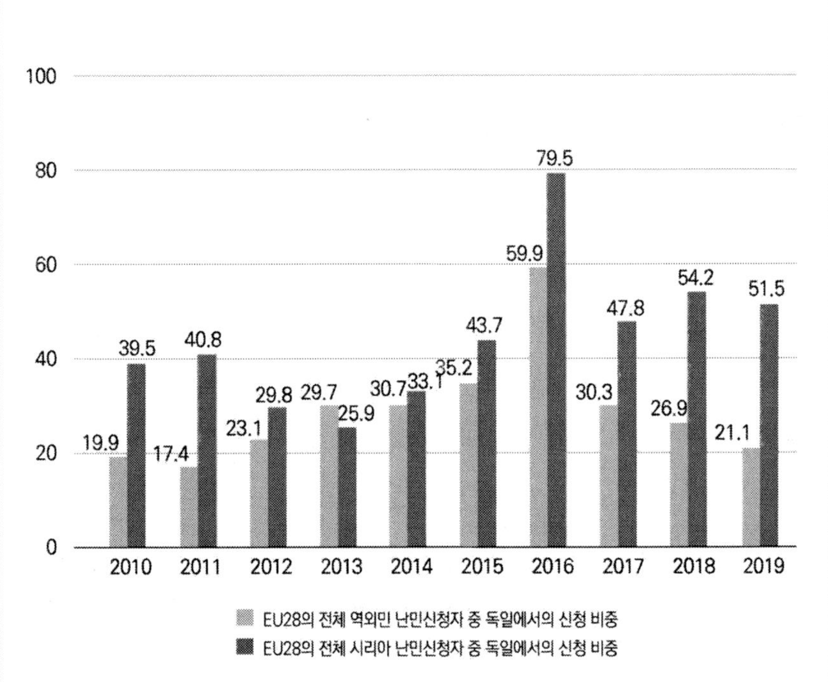

자료: Eurostat, "Asylum applicants by type of applicant, citizenship, age and sex - annual aggregated data (rounded) [MIGR_ASYAPPCTZA]," 온라인 자료(검색일: 2021. 8. 17).

그림 4-4. 독일 내 국적별 신규 난민신청 건수

(단위: 천 명)

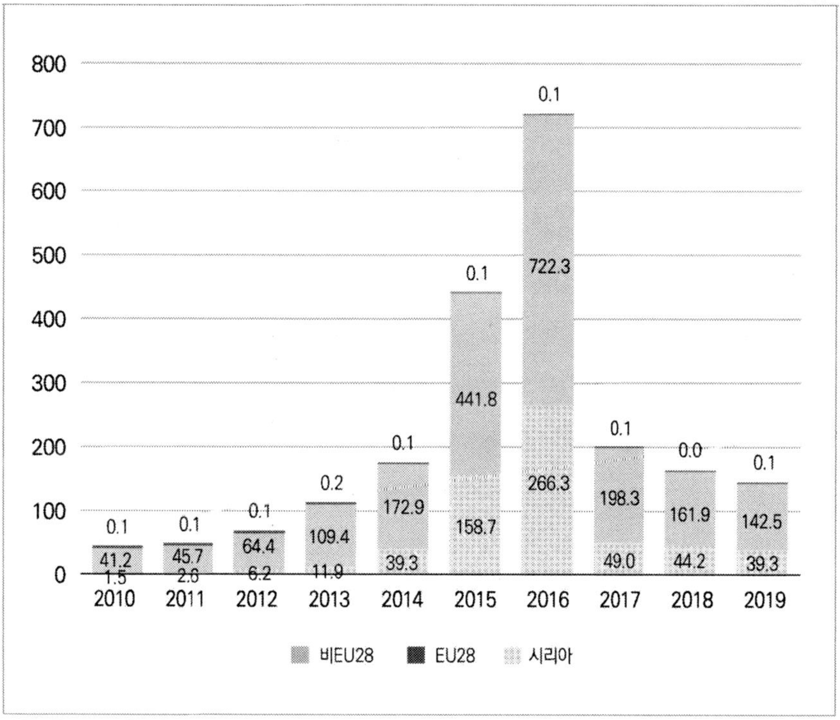

자료: Eurostat, "Asylum applicants by type of applicant, citizenship, age and sex - annual aggregated data (rounded) [MIGR_ASYAPPCTZA]," 온라인 자료(검색일: 2021. 8. 17).

EU의 난민사태는 메르켈 총리의 국내 지지도에 도움이 되지 못했다. 오히려 극우정당인 독일대안당(AfD)을 성장시켰고, 이들이 2017년 총선에서 연방하원에 진출할 수 있는 길을 열어준 셈이었다. 국내 정치 갈등을 유발한 난민수용에 대한 포용적인 입장이 비록 정치인으로서는 손해가 되는 선택이었으나, 인도적으로 소신 있는 선택이었고, EU의 역내 분열을 최소화하는 최선의 선택이었다고 볼 수 있다. 고상두(2017)는 독일에서 우파 포퓰리즘 성향을 띠는 독일대안당(AfD)이 '메르켈 총리의 개방적인 난민정책'과 '기민당의 중도화'에 대항해 부상했으나, '민주주의 운영원리를 위반하는 정당의 부상을 강력하게 견제하는' 독일 정치문화로 인해 그 한계가 있을 것으로 전망했다.[51] 실제로도 난민 관련 이슈가 잦아들면서 독일대안당에 대한 지지율이 더 이상 확대되지 않는 모습을 보이고 있다.

미국의 트럼프 대통령도 메르켈 총리의 난민포용에 대해 "엄청난 실수(catastrophic mistake)"라고 지적하면서 "영국 이외의 국가들도 EU를 떠나려 할 것"이라고 언급하기도 했다.[52] 국내에서도 난민수용과 관련한 갈등이 있었다. 독일 연방정부의 난민수용에 대한 적극적인 입장은 난민수용을 반대하는 바이에른주와의 마찰을 확대시켰다. 성일광(2019)은 메르켈 총리의 난민 포용 정책이 부정적인 언론 보도의 영향을 받은 자매당 기사당(CSU)과 여론의 영향으로 인해 기존의 적극 수용의 입장에서 제한적 수용으로 방향을 돌리게 되었다고 분석했다.[53] 2018년에는 기민당(CDU)과 바이에른주 기반의 기사당 간의 힘겨루기에서 더 나아가 자매당으로서의 분리 가능성도 제기되었으나, 당시 제호퍼(Seehofer) 기사당 대표의 하야로 기민/기사당 분열은 마무리되었다.

난민사태가 심각해지면서 EU 집행위원회도 적극적으로 나서기 시작했는데, 1999년의 '공동유럽난민제도(Common European Asylum System)'만으로는 충분하지 못하다고 판단하여 2015년 5월에 '이민에 대한 유럽 어젠다(European Agenda on Migration)'를 발표했다. 이는 △비정규 이민에 대한 인센티브 약화 △생명 구조, 역외 국경수비 강화 및 국경 관리 △강력한 공동난민정책을 통한 난민 보호 △합법적 이민 강화 등의 내용을 포함했으며, '난민할당제(European relocation scheme)', '재정착제도(resettlement)', '공동안보 방위정책'에 따른 공동 군사운용 등이 제시되었다.[54] 특히 난민할당제에 대해서는

---

51) 고상두(2017), p. 149.
52) "Donald Trump accuses Angela Merkel of making 'catastrophic mistake' on refugees"(2017. 1. 17), 온라인 기사(검색일: 2022. 2. 8)
53) 성일광(2019), pp. 41~74.
54) European Commission(2019), "European Agenda on Migration," 온라인 자료(검색일: 2022. 2. 8).

독일, 이탈리아, 그리스, 몰타, 스웨덴, 오스트리아 등에서 적극 찬성한 반면 프랑스, 스페인, 체코, 헝가리, 포르투갈 등에서 반대하면서 의견이 분열되었다. 이후 EU 집행위가 유입민 문제 해결을 위해 내놓은 해결책은 터키를 활용하는 것이었는데, 2015년 10월에는 'EU-터키 공동활동계획(EU-Turkey Joint Action Plan)'을 발표했고, 2016년 3월에는 'EU-터키 이민협정(EU-Turkey Migration agreement)'을 추진하여 터키가 이주민을 수용하도록 함으로써 EU로 향하는 유입민 수의 절대적 감소에 기여했다. 메르켈 총리는 EU 집행위의 터키 활용 계획을 적극적으로 지지하면서 다른 EU 회원국들의 지지도 끌어냈는데, 이러한 EU 집행위의 이민정책이 최근에 다시 한번 빛을 발했다. 2021년 탈레반의 아프가니스탄 점령 후 2015년과 유사하게 아프간 난민이 대거 발생했을 때, 비록 터키가 "유럽의 난민수용소(Europe's migrant storage unit)가 되지 않을 것"이라고 밝히기는 했지만, 기존의 이민협정을 통해 난민의 EU 역내 유입이 제한적으로 나타났다.55)

3. 코로나19 방역과 백신 보급을 위한 범유럽 차원의 대응

유럽 내의 코로나19는 아시아에서보다 조금 늦은 2020년 3월부터 본격적으로 유행하기 시작했는데, 인구 8,000만 명이 넘는 독일에서만 3월 한 달 동안 7만 명이 넘는 인구가 확진 판정을 받았고 EU27에서는 47만여 명에 이르렀다(그림 4-5 참고). 3월 초 EU 집행위는 의료, 수송, 경제를 한꺼번에 다룰 수 있도록 범총국 차원의 코로나 대응팀(Corona response team)을 조직했고, 3월 17일 EU 정상회의에서 코로나19 확산 방지방안, 의료기구 보급, 백신개발 촉진, 항공편 운항 취소에 따른 EU 시민 귀환 지원 등이 논의되었으며, EU

55) "Erdogan says Turkey won't be Europe's 'migrant storage unit'"(2021. 8. 19), 온라인 자료(검색일: 2021. 8. 23).

차원에서 일시적인 국경폐쇄도 실시되었다.[56] 독일 연방정부는 국경폐쇄를 비롯한 강력한 사회적 거리두기를 실시했고 조업단축 지원, KfW를 통한 보증 및 유동성 공급 등 노동시장 보호와 기업 회생에 초점을 맞춘 경제안정 패키지안을 발표하기도 했다.[57] 독일뿐만이 아니라 프랑스, 이탈리아, 스페인 등 대부분의 EU 회원국에서 코로나19로 인한 전면 폐쇄(lockdown)가 이루어졌고, 이러한 통제가 자국 경제에도 영향을 줄 것을 우려하여 국가별 경기부양을 위한 대규모 긴급예산안이 발표되었다.

5월에도 계속된 강력한 통제와 빠른 대응을 통해 코로나19의 기세가 약화되는 듯했으나, 7월 이후 입국 제한이나 거리두기가 완화되어 유럽인들이 뒤늦은 여름휴가를 즐기기 시작하자 확진자 수가 다시 폭발적으로 증가하면서 코로나19 2차 유행이 시작되었다. 메르켈 총리는 이러한 코로나19 팬데믹에 대해 "EU가 직면한 EU 역사상 가장 큰 과제"라고 했고, 이를 극복하기 위한 역내 결속과 연대의 중요성을 강조했다.[58] 즉 코로나19 팬데믹 대응 및 추가 확산 방지를 위해 EU 회원국간 통일된 접근의 필요성을 언급한 것이다.

56) European Council(2020), "Conclusions by the President of the European Council following the video conference with members of the European Council on COVID-19," 온라인 자료(검색일: 2022. 2. 28).
57) "Schutzschild für Beschäftigte und Unternehmen"(2020. 3. 13), 온라인 기사(검색일: 2022. 2. 28).
58) "Merkel urges EU unity to counter coronavirus crisis"(2020. 6. 18), 온라인 기사(검색일: 2022. 2. 28).

그림 4-5. EU27과 독일의 코로나19 확진 및 사망 현황

(단위: (좌) 백만 명, (우) 만 명)

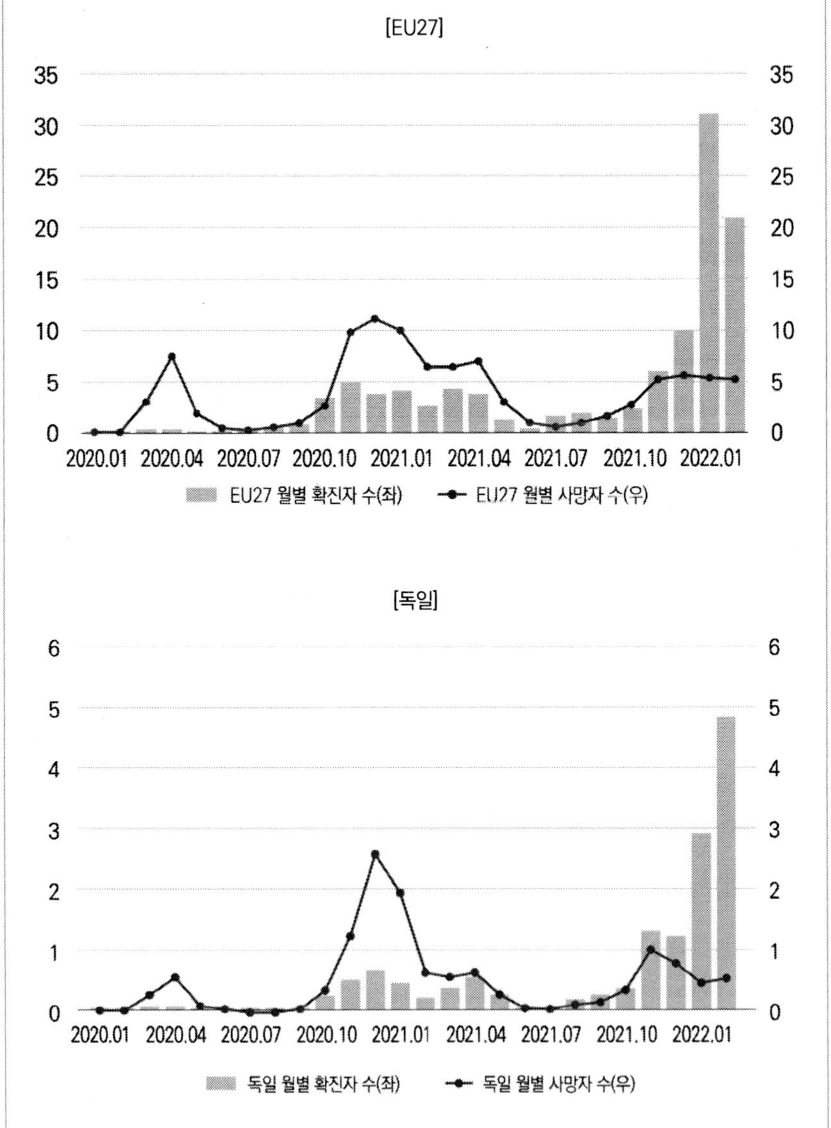

자료: ECDC database, "Data on the daily number of new reported COVID-19 cases and deaths by EU/EEA country"(검색일: 2022. 3. 1).

독일은 국내적으로도 모든 연방주(Länder)에서 일관성 있는 정책기조를 유지했다. 연방주의를 추구하는 독일에서는 보건, 교육, 치안 등이 각 연방주 소관으로, 사회적 거리두기나 록다운은 각 연방주에서 실시해야 한다. 하지만 메르켈 총리는 독일 연방 전체에서 일관된 접근이 이루어져야 효과적인 대응이 가능하다고 보았고, 16개 연방주와의 정기적인 회의를 통해 만장일치로 결정된 정책들을 각 연방주에 도입하도록 하여 궁극적으로 독일의 코로나19 확산 방지와 경기침체 대응에 기여할 수 있었다.[59] 메르켈 총리는 국내에 적용한 '일관성 있는 정책'을 EU 차원에서도 실현하고자 했다. 2020년 9월 EU27의 확진자 수가 백만 명을 넘었고 계속적인 증가 추세를 보이자, 2020년 10월부터 EU27과 유럽경제지역(EEA) 3개국(노르웨이, 리히텐슈타인, 아이슬란드)을 포함하는 지역 내 공통의 포괄적인 이동제한 방안이 도입되었다.[60] 코로나19가 변이를 동반하면서 재차 확산되었는데, 그동안 EU 차원의 공동대응은 더욱 확대되어갔다. 2020년 3/4분기부터 EU 차원에서 13억 회분의 코로나19 백신 물량을 확보했고, 12월 말부터는 순차적으로 배분하여 접종을 시작했다. 메르켈 총리의 언급처럼 규모가 작은 회원국이 백신을 확보하려 했다면 더 나은 가격으로 확보하지 못했을 뿐만 아니라 아예 확보 자체에 어려움이 있었을 것이라는 데 동의하지 않을 수 없다.[61] 또한 EU 회원국을 대상으로 팬데믹으로 타격을 받은 노동시장을 지원하기 위한 재정 지원(SURE), 7,500억 유로 규모에 이르는 EU 회복기금(NGEU)을 통한 경제 회복 지원 등도 이루어졌는데, 회원국별 정률이나 정액으로 지급하는 것이 아니라 필요한 정도에 따라 지원함으로써 이탈리아와 스페인이 최대 수혜국이 되었다. 공동체로서 EU의 결속력은 코로나19 팬데믹을 통해서 더욱 강화된 모습을 보였는데, 공동의 가치와 상생에 무게를 두고 실시된 정책들이 있었기 때문에 가능했을 것으로 보인다.

59) "German federalism: COVID challenges the system"(2021. 12. 13), 온라인 기사(검색일: 2022. 2. 28).
60) European Commission, "Daily News 13/10/2020," 온라인 자료(검색일: 2022. 2. 28).
61) European Commission, "Brussels Economic Forum 2021," 온라인 자료(검색일: 2022. 2. 28).

V. 결론

메르켈 총리가 집권했던 16년은 '메르켈의 아이들(Merkelkinder)'이라는 표현을 만들어낼 정도로 뉴놈(new-norm)이 되었고 지금의 독일을 형성하는 데 큰 역할을 했던 시기이다.[62] '유럽의 병자'였던 독일이 침체를 벗어나 경제 발전을 이루고 산업을 활성화시키며 글로벌 무대의 정치·경제·사회 모든 방면에서 주요국으로서의 입지를 다진 시기가 메르켈 총리 집권 기간이라고 볼 수 있다. 일각에서는 기민당 내 스캔들로 하야한 헬무트 콜 전 총리의 대안이 없었다는 점과 사민당 게하르트 슈뢰더의 지지도가 하락했다는 점에서 '어부지리'로 총리가 되었다고 보기도 했다.[63] 그러나 네 차례 연속 총리직 수행이 온전히 운이 좋아서 가능했던 것일까? 16년에 걸친 메르켈 총리 집권기 동안 실시된 정책들이 리더십과 무관하다고 단정짓기는 쉽지 않을 것이다.

우선 경제성장 측면에서 메르켈 총리의 영향이 어떠했을까? 조호정(2013)은 독일 경제성장률의 개선, 고용 증대, 지출산·고령화 대응, 국가 경쟁력 재상승을 근거로 메르켈 2기까지의 경제성과를 긍정적이라고 평가했다.[64] 그리고 메르켈 정부가 이렇게 성공할 수 있었던 요인에는 △합리적인 개혁 추진 △'스몰 스텝(small step) 전략'의 활용 △협력과 통합의 리더십 발휘가 있었다고 분석했다.[65] 한편 홍태희(2014)는 유럽 재정위기 이후 독일 경제가 약진할 수 있었던 배경에는 '메르켈 정부의 경제운용 방식인 메르켈노믹스(Merkelnomics)'가 큰 역할을 했다고 보면서, 메르켈노믹스의 의미와 성과에 대해 거시경제지표를 중심으로 분석하고 그 한계에 대해서 살펴보았다.[66] 메르켈 총리의 통치 방식은 '일관성', '보살핌', 그리고 '실용'이라는 맥락에서 '신중상주의, 현실주의, 질서자유주의, 여성주의'의 정책적 특징을 지니고 있어 [표 5-1]과 같은 지향점을 보인다고 분석했다.[67]

---

62) "The attitudes of Germany's young"(2021. 9. 25), 온라인 기사(검색일: 2021. 12. 1).
63) Plickert ed.(2018), p. 19.
64) 조호정(2013), pp. 3~5.
65) 위의 자료, pp. 6~8.
66) 홍태희(2014), pp. 54~58.

표 5-1. 메르켈노믹스의 지향점

경제정책의 목적	국가의 번영과 국민의 행복
경제정책의 우선순위	이념 투쟁보다 현실적 대안과 실용주의, 거시적 담론보다 실행 가능한 미시적 경제 문제 집중
경제정책의 이론적 범주	보수주의와 진보주의를 아우르는 하이브리드 정책
바람직한 국가의 역할	시장을 관리하는 국가, 자식을 키우는 모성적 기능의 국가

자료: 홍태희(2014), p. 57.

물론 총선 때마다 가장 많은 지지를 확보하기는 했으나 국내 지지도가 집권기 내내 높게만 나타난 것은 아니다. [그림 5-1]에서 볼 수 있듯이, 2005~09년의 메르켈 1기에서는 경제적 충격이 컸던 글로벌 금융위기를 대규모 경기부양책을 통해 무사히 넘기면서 지지도가 소폭 상승했다. 이후 독일 연방정부와 주정부의 건전한 재정 상태를 유지하고자 부채상한제를 도입하면서 지지도가 급락했지만, 점진적으로 지지도를 회복했다. 메르켈 2기(2009~13년)에 독일 내 재정건전성 확보를 위한 정책을 도입했듯이 유로존 재정위기 대응 시에도 메르켈 정권은 EU의 와해를 막고 재정적인 안정을 찾아갈 수 있도록 당근과 채찍을 번갈아가며 주는 모습을 보였다. 비록 그리스 등 당시 재정위기국가들에서 반(反) 메르켈 시위까지 벌였으나, 독일 내에서는 이런 강경한 태도가 호응을 얻었다. 2011년의 후쿠시마 원전사태는 독일 에너지 정책에 전환점을 가져온 중요한 사건이었다. 연방정부는 국내외 여론을 고려하여 조속한 탈원전으로 정책기조를 변경했는데, 이러한 변화는 메르켈 정권에 대한 지지도 상승과 함께 세 번째 총선에서의 승리로 이어졌다.

집권기 중 메르켈 3기인 2013~17년에는 국제 이슈들이 많이 있었다. 러시아의 우크라이나 영토 합병과 수백만 명에 달하는 시리아 난민의 EU 유입, 브렉시트, 미국 보호무역주의와의 갈등 등이 이에 해당한다. 독일은 러시아의 크

67) 위의 자료, pp. 54~58.

림반도 합병에 대응하여 EU의 대러시아 제재에 적극 참여했고, EU 회원국인 프랑스의 올랑드 대통령과 미국 오바마 대통령 등도 이에 동참했다. 러시아산 에너지에 의존하고 있던 독일 연방정부는 에너지 부문에서의 영향을 최소화하고자 했으며, 다행히 대러 제재 관련 여론 변화는 크지 않았다. 지지도가 급변하기 시작한 것은 2015년경 난민들의 대거 유입이 나타나면서부터였다. 수백만 명에 달하는 난민 유입은 독일인들이 피부로 느낄 수 있는 변화였기 때문에, 인도적 차원에서 이루어진 난민 수용 및 관리와 관련한 정책에 대해 국내외적으로 많은 불만이 제기되었다. 다행히 터키와의 합의가 이루어져 유럽, 특히 독일에 입국하는 난민의 수를 겨우 통제할 수 있었지만, 메르켈 총리에 대한 지지도 하락은 피할 수 없었다. 이어 2016년 EU에서 발생한 가장 큰 이슈는 브렉시트였다. 영국이 빠지고 남은 EU 회원국들은 '역내 이익 수호'에 대한 의지를 보이면서 영국과의 무역협상이 노딜로 마무리되더라도 어쩔 수 없다는 식으로 으

그림 5-1. 메르켈 총리의 주요 행적과 직무수행에 대한 지지 추이

(단위: %)

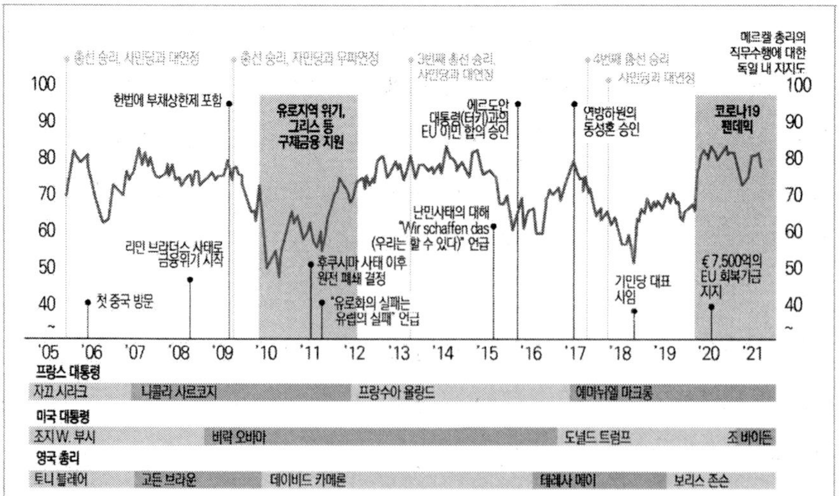

자료: "After Merkel"(2021. 9. 25), 온라인 기사(검색일: 2021. 10. 20).

름장을 놓으면서 가까스로 협상에 대한 결론을 지었다. 영국의 사례를 통해 EU 회원국으로서의 장점에 대한 홍보가 자연스럽게 이루어지기도 했다. 이 'EU'라는 테두리와 유로화 사용은 제조업 강국인 독일에 매우 유리하게 작용했고, 위기가 있을 때 수출을 통한 경제성장 혹은 회복을 시현할 수 있었다. 하지만 보호주의를 표방하는 미국 트럼프 대통령이 집권하면서 독일의 대미 무역흑자에 대해 문제를 삼았고, 이는 바이든 정부가 들어설 때까지 EU와 독일의 숙제가 되었다.

근소한 격차로 2017년 총선에서 승리하며 시작된 메르켈 총리의 마지막 임기(2017~21년)는 집권 직후부터 지지율 하락을 보였다. 하지만 레임덕에 대한 우려와 달리 코로나19 팬데믹에 대한 독일 연방정부와 EU의 조속한 대응이 메르켈 총리에 대한 지지도 상승으로 이어졌고, 이 마지막 과제를 수행하면서 메르켈 총리는 임기를 마무리했다.

메르켈 총리는 EU 주요국의 정상이면서 EU 정상회의에 그 어떤 회원국 정상보다 가장 오랜 시간 참여해왔는데, EU와 유로존이 확대되었을 때는 물론 영국의 탈퇴로 시끄러워졌을 때에도 EU가 공동체로서 작용하고 결집하도록 정책 방향을 이끌어갔다. 또한 EU 정책의 결정도 독일 국내에 대한 정책과 유사한 방향으로 이루어졌다. 즉 독일에서 실시된 정책의 많은 부분들이 EU 정책에 투영되기도 했다. 메르켈 총리의 리더십 스타일은 '천천히 차근차근(slow and steady)'이라고 표현되기도 하는데, 이렇게 결정된 정책으로 유권자들의 공감과 지지를 얻어 4번의 임기를 끝까지 마쳤다.[68] 메르켈 총리는 전 세계 무대에서 오바마 대통령이나 프랑스 대통령들과의 협력을 끌어내어 유대관계를 형성하였고, 푸틴 대통령이나 트럼프 대통령과는 각을 세우기도 했지만 유럽과 전 세계의 정치·경제적 안정을 추구하는 방향을 선택했다. 독일과 EU, 더 나아가

68) Carnegie Europe, "Judy Asks: Is Germany's Political Crisis Dangerous for Europe?" 온라인 자료 (검색일: 2021. 8. 23).

글로벌 안정을 위한 정책들을 끝까지 밀고 나가되, 때로는 여론에 귀를 기울이면서 보완과 발전을 거듭하여 궁극적으로 독일과 유럽의 위상을 높이는 데 기여했다고 본다.

참고문헌

[국문자료]

강부균. 2014. 「최근 '우크라이나 위기'의 배경과 전망」. 『지역경제 포커스』, 14-02. 대외경제정책연구원.

강유덕, 이현진. 2014. 「EU의 대러시아 경제제재와 경제적 손실가능성 점검」. 『지역경제 포커스』, 14-47. 대외경제정책연구원.

고상두. 2017. 「우파 포퓰리즘 부상에 대한 제약요인: 독일의 정치안정 사례」. 『국제지역연구』, 제21권 1호, pp. 135~155. 한국외국어대학교 국제지역연구센터.

성일광. 2019. 「독일의 언론보도가 난민 정책변화에 미친 영향과 시사점」. 『지중해지역연구』, 제21권 4호, pp. 41~74.

조호정. 2013. 「메르켈 정부의 경제적 성과와 시사점」. 『이슈리포트 2013-10』, pp. 1~14. 현대경제연구원.

홍태희. 2014. 「독일의 경제정책: "메르켈노믹스(Merkelnomics)"의 성과와 한계 그리고 위기」. 『경상논총』, 제32권 4호, pp. 51~73. 한독경상학회.

[영문자료]

Crawford, Alan and Tony Czuczka. 2013. *Angela Merkel: A Chancellorship forged in crisis*. John Wiley & Sons Ltd.

Mushaben, Joyce Marie. 2018. B*ecoming Madam Chancellor: Angela Merkel and the Berlin Republic*. Cambridge University Press.

Plickert, Philip ed. 2018. *Merkel: Eine kritische Bilanz*. FinanzBuch Verlag.

[온라인 자료]
연방총리실. "Biografie." https://www.bundeskanzlerin.de/bkin-de/angela-merkel/biografie(검색일: 2021. 8. 17).

예금보험공사. 2009. 「독일의 금융시장안정화기금(SoFFin) 개요」. https://www.kdic.or.kr/research/analysis_view.do?ser_no=45346&cPage=1&tbl=analysis(검색일: 2022. 2. 15).

BPD. "Analyse: Deutschland im Russland-Ukraine-Konflikt: eine politische oder eine humanitäre Aufgabe?" https://www.bpb.de/203680/analyse-deutschland-im-russland-ukraine-konflikt-eine-politische-oder-eine-humanitaere-aufgabe/(검색일: 2022. 2. 1).

______. "Konjunkturpaket." https://www.bpb.de/kurz-knapp/lexika/lexikon-der-wirtschaft/19773/konjunkturpaket/(검색일: 2022. 2. 16).

Bundesfinanzministerium. "Schuldenbremse." https://www.bundesfinanzministerium.de/Content/DE/Glossareintraege/S/Schuldenbremse.html?view=renderHelp(검색일: 2022. 2. 16).

Bundesregierung. "Ausstieg aus der Kernkraft." https://www.bundesregierung.de/breg-de/themen/energiewende/energie-erzeugen/ausstieg-aus-der-kernkraft-394280(검색일: 2021. 8. 17).

Bundesrepublik Deutschland Finanzagentur GmbH. "Finanzmarktstabilisierung." https://www.deutsche-finanzagentur.de/de/finanzmarkt-stabilisierung/(검색일: 2022. 2. 15).

Die Bundesregierung. 2009. "Rede von Bundeskanzlerin Dr. Angela Merkel." https://www.bundesregierung.de/breg-de/service/

bulletin/rede-von-bundeskanzlerin-dr-angela-merkel-799230 (검색일: 2022. 2. 16).

Carnegie Europe. "Judy Asks: Is Germany's Political Crisis Dangerous for Europe?" https://carnegieeurope.eu/strategiceurope/79268 (검색일: 2021. 8. 23).

Council of the European Union. 2009. "BRUSSELS EUROPEAN COUNCIL: 11 AND 12 DECEMBER 2008(17271/1/08, REV 1)." https://www.consilium.europa.eu/ueDocs/cms_Data/docs/pressData/en/ec/104692.pdf(검색일: 2022. 2. 7).

CSIS. "'If the euro fails, Europe fails,' according to German chancellor Angela Merkel. And if Europe fails, we all fail." https://www.csis.org/analysis/%E2%80%9Cif-euro-fails-europe-fails%E2%80%9D-according-german-chancellor-angela-merkel-and-if-europe-fails(검색일: 2022. 2. 1).

DIHK. 2019. "The Impact of Brexit on German Businesses." https://www.dihk.de/resource/blob/6172/170992655b2b91ef1fac13a1c5d325da/brexit-umfrage-02-2019-englisch-data.pdf(검색일: 2022. 2. 16).

European Commission. 2009. "Commission adopts European Economic Recovery Plan." https://ec.europa.eu/economy_finance/articles/eu_economic_situation/article13502_en.htm(검색일: 2022. 2. 7).

______. 2019. "European Agenda on Migration." https://ec.europa.eu/home-affairs/european-agenda-migration-press-material_en (검색일: 2022. 2. 8).

______. "2050 long-term strategy." https://ec.europa.eu/clima/eu-action

/climate-strategies-targets/2050-long-term-strategy_en(검색일: 2022. 3. 5).

______. "Daily News 13/10/2020." https://ec.europa.eu/commission/presscorner/detail/en/mex_20_1891(검색일: 2022. 2. 28).

______. "Brussels Economic Forum 2021." https://ec.europa.eu/economy_finance/bef2021/03-angela_merkel.html(검색일: 2022. 2. 28).

European Council. "Brussels G7 summit, Brussels, 4-5 June 2014." https://www.consilium.europa.eu/en/meetings/international-summit/2014/06/04-05/(검색일: 2021. 8. 17).

______. "Press statement by President Donald Tusk on the outcome of the referendum in the UK." https://www.consilium.europa.eu/en/press/press-releases/2016/06/24/tusk-statement-uk-referendum/(검색일: 2022. 2. 28).

______. 2020. "Conclusions by the President of the European Council following the video conference with members of the European Council on COVID-19." https://www.consilium.europa.eu/en/press/press-releases/2020/03/17/conclusions-by-the-president-of-the-european-council-following-the-video-conference-with-members-of-the-european-council-on-covid-19/(검색일: 2022. 2. 28).

European Parliament. 2019. "A decade from the crisis." https://www.europarl.europa.eu/RegData/etudes/BRIE/2019/642253/EPRS_BRI(2019)642253_EN.pdf(검색일: 2022. 2. 7).

Hellwig, Martin. 2018. "Germany and the Financial Crises 2007-2017." https://www.bundesbank.de/en/bundesbank/research/

germany-and-the-financial-crises-2007-2017-759000(검색일: 2021. 8. 17).

[온라인 기사]

"After Merkel." 2021. *The Economist.* (September 25). https://www.economist.com/special-report/2021/09/20/after-merkel(검색일: 2021. 10. 20).

"Angela Merkel warning as she urges UK to stay in EU." 2016. *BBC.* (June 2). https://www.bbc.com/news/uk-politics-eu-referendum-36436726(검색일: 2022. 2. 28).

"Angela Merkel will 2021 Schluss machen mit der Politik." 2018. *Frankfurter Allgemeine Zeitung.* (October 29). https://www.faz.net/aktuell/politik/inland/angela-merkel-will-2021-schluss-machen-mit-der-politik-15863650.html(검색일: 2021. 8. 17).

"Brexit: EU must prepare for no-deal, Merkel warns." 2020. *Independent.* (July 1). https://www.independent.co.uk/news/uk/politics/brexit-no-deal-eu-merkel-germany-trade-talks-boris-johnson-a9595511.html(검색일: 2022. 2. 28).

"Brexit talks on the edge; Angela Merkel holds key to a deal or no-deal." 2020. *Business Standard.* (October 17). https://www.business-standard.com/article/international/in-highly-strung-brexit-talks-merkel-holds-key-to-a-deal-or-no-deal-120101601101_1.html(검색일: 2022. 2. 28).

"Brexit vote marks a watershed moment for Europe: Merkel." 2016. *Reuters.* (June 24). https://www.reuters.com/article/us-britain

-eu-germany-merkel-idUSKCN0ZA22C(검색일: 2022. 2. 28).

"Brussels Approves Germany's Rescue of IKB." 2008. *DW.* (October 21). https://www.dw.com/en/brussels-approves-germanys-rescue-of-ikb/a-3729574(검색일: 2022. 2. 7).

"Deutschlandtrend." 2021. *Tagesschau.* (August 5). https://www.tagesschau.de/inland/deutschlandtrend-2711.html/(검색일: 2021. 8. 9).

"Donald Trump accuses Angela Merkel of making 'catastrophic mistake' on refugees." 2017. *Independent.* (January 17). https://www.independent.co.uk/news/world/americas/donald-trump-times-bild-interviews-angela-merkel-germany-catastophic-mistake-refugees-a7528926.html(검색일: 2022. 2. 8).

"Erdogan says Turkey won't be Europe's 'migrant storage unit'." 2021. *Gulf Times.* (August 19). https://www.gulf-times.com/story/698794/Erdogan-says-Turkey-won-t-be-Europe-s-migrant-stor(검색일: 2021. 8. 23).

"Factbox: How dependent is Germany on Russian gas?" 2022. *Reuters.* (February 24). https://www.reuters.com/world/europe/how-much-does-germany-need-russian-gas-2022-01-20/(검색일: 2022. 2. 28).

"Flashback: When the financial crisis hit Germany." 2017. *DW.* (July 28). https://www.dw.com/en/flashback-when-the-financial-crisis-hit-germany/a-39841155(검색일: 2021. 8. 17).

"For Euro Nations, There Are Strings Attached." 2010. *The New York Times.* (November 17). https://www.nytimes.com/2010/11/18

/business/global/18zone.html(검색일: 2022. 3. 2).

"French, German leaders push for united European response." 2008. *France 24.* (November 24). https://www.france24.com/en/20081124-french-german-leaders-push-united-european-response-financial-crisis(검색일: 2022. 2. 7).

"German federalism: COVID challenges the system." 2021. *DW.* (December 13). https://www.dw.com/en/german-federalism-covid-challenges-the-system/a-57042552(검색일: 2022. 2. 28).

"Germany Targets More Ambitious 2045 Net-Zero Emission Goal." 2021. *Bloomberg.* (May 5). https://www.bloomberg.com/news/articles/2021-05-05/germany-targets-more-ambitious-climate-neutrality-goal-of-2045(검색일: 2022. 2. 16).

"Germany will accept no deal if UK won't move on Brexit competition demands, says Merkel." 2020. Politico. (December 9). https://www.politico.eu/article/angela-merkel-germany-eu-no-deal-brexit-uk-competition/(검색일: 2022. 2. 28).

"Herrin des Experiments." 2020. *Sueddeutsche Zeitung.* (December 29). https://www.sueddeutsche.de/politik/bundeskanzlerin-herrin-des-experiments-1.5160842(검색일: 2022. 2. 3).

"How Angela Merkel's great migrant gamble paid off." 2020. *The Guardian.* (August 31). https://www.theguardian.com/world/2020/aug/30/angela-merkel-great-migrant-gamble-paid-off(검색일: 2022. 2. 10).

"How Fukushima triggered Germany's nuclear phaseout." 2021. *DW.* (March 10). https://www.dw.com/en/how-fukushima-triggered

-germanys-nuclear-phaseout/a-56829217(검색일: 2022. 2. 1).

"IKB rescue pushed Germany into deficit in 2007." 2008. *Reuters.* (October 22). https://www.reuters.com/article/germany-deficit/ikb-rescue-pushed-germany-into-deficit-in-2007-idUKLM46777420081022(검색일: 2021. 11. 1).

"'Let's think big' - Germany wants to work closely with Biden on trade, China, climate." 2021. *Reuters.* (February 15). https://www.reuters.com/article/us-germany-usa-idUSKBN2AF160(검색일: 2022. 2. 16).

"Merkel calls for realism from EU in Brexit talks." 2020. *The Times.* (October 14). https://www.thetimes.co.uk/article/merkel-calls-for-realism-from-eu-in-brexit-talks-3lqhhnrw3(검색일: 2022. 2. 28).

"Merkel Rejects VAT Cuts, Calls for Calm in Financial Crisis." 2008. *DW.* (November 24). https://www.dw.com/en/merkel-rejects-vat-cuts-calls-for-calm-in-financial-crisis/a-3817272(검색일: 2022. 2. 16).

"Merkel Sticks to Tough Line on Russia Sanctions." 2015. *The New York Times.* (January 9). https://www.nytimes.com/2015/01/09/world/europe/german-government-websites-return-online-after-cyberattack.html(검색일: 2022. 2. 1).

"Merkel urges EU unity to counter coronavirus crisis." 2020. *DW.* (June 18). https://www.dw.com/en/merkel-urges-eu-unity-to-counter-coronavirus-crisis/a-53853153(검색일: 2022. 2. 28).

"Merkel wants good-spirited Brexit talks, focus on EU 27." 2017.

Reuters. (June 22). https://www.reuters.com/article/uk-britain-eu-merkel-idAFKBN19D1N0(검색일: 2022. 2. 28).

"Merkel: G8 Reaches Compromise to Curb Climate Change." 2007. *DW.* (June 7). https://www.dw.com/en/merkel-g8-reaches-compromise-to-curb-climate-change/a-2579725(검색일: 2022. 2. 1).

"Merkel's G7 photo says everything about Trump's diplomacy - or does it?" 2018. *The Guardian.* (June 10). https://www.theguardian.com/world/2018/jun/10/angela-merkel-photo-donald-trump-diplomacy(검색일: 2021. 8. 17).

"Regierung beschließt Konjunktur-Stützungsprogramm." 2008. *Reuters.* (November 5). https://www.reuters.com/article/finanzkrise-konjunktur-deutschland-zf-20-idDEBEE4A40BK20081105(검색일: 2022. 2. 16).

"Russia's at war with Ukraine. Here's how we got here." 2022. *NPR.* (February 24). https://www.npr.org/2022/02/12/1080205477/history-ukraine-russia(검색일: 2022. 3. 2).

"Schutzschild für Beschäftigte und Unternehmen." 2020. *BMWK & BMF.* (March 13). https://www.bmwk.de/Redaktion/DE/Pressemitteilungen/2020/20200313-schutzschild-fuer-beschaeftigte-und-unternehmen.html(검색일: 2022. 2. 28).

"The attitudes of Germany's young." 2021. *The Economist.* (September 25). https://www.economist.com/special-report/2021/09/20/the-youngs-attitudes(검색일: 2021. 12. 1).

"The history behind Germany's nuclear phase-out." 2021. *Clean Energy*

Wire. (March 9). https://www.cleanenergywire.org/factsheets/history-behind-germanys-nuclear-phase-out(검색일: 2022. 2. 1).

"The story of "Climate Chancellor" Angela Merkel." 2021. *Clean Energy Wire.* (December 7). https://www.cleanenergywire.org/factsheets/making-climate-chancellor-angela-merkel(검색일: 2022. 2. 1).

"Trump and Merkel tried-and failed-to hide their differences in Washington." 2018. *The Guardian.* (April 24). https://www.theguardian.com/us-news/2018/apr/27/angela-merkel-donald-trump-white-house-visit(검색일: 2022. 2. 1).

"Trump slams Germany's US trade surplus as 'bad'." 2017. *DW.* (May 26). https://www.dw.com/en/trump-slams-germanys-us-trade-surplus-as-bad/a-38986975(검색일: 2021. 8. 17).

"Trump's relationship with Europe goes from bad to nothingness." 2020. *Politico.* (June 3). https://www.politico.com/news/2020/06/03/donald-trump-europe-strategy-300074(검색일: 2022. 2. 1).

"Ukraine crisis: an essential guide to everything that's happened so far." 2014. *The Guardian.* (April 13). https://www.theguardian.com/world/2014/apr/11/ukraine-russia-crimea-sanctions-us-eu-guide-explainer(검색일: 2021. 8. 17).

"US imposes record $7.5 billion tariffs on European goods." 2019. *DW.* (October 18). https://www.dw.com/en/us-imposes-record-75-billion-tariffs-on-european-goods/a-50880622(검색일: 2022. 2. 1).

"Was bringt das Konjunkturpaket II?" 2009. *Tagesschau.* (February 20). https://www.tagesschau.de/wirtschaft/konjunkturpaket208.

html(검색일: 2022. 2. 16).

"Was ist der SoFFin und woher kommt das Geld?" 2012. *Tagesschau.* (January 26). https://www.tagesschau.de/wirtschaft/soffin142.html(검색일: 2022. 2. 15).

[데이터베이스]

Destatis Genesis-Online. "Aus-und Einfuhr(Außenhandel): Deutschland, Jahre, Länder." https://www-genesis.destatis.de(검색일: 2021. 8. 17).

ECDC database. "Data on the daily number of new reported COVID-19 cases and deaths by EU/EEA country." https://www.ecdc.europa.eu/en/publications-data/data-daily-new-cases-covid-19-eueea-country(검색일: 2022. 3. 1).

Eurostat. "Asylum applicants by type of applicant, citizenship, age and sex-annual aggregated data(rounded)[MIGR_ASYAPPCTZA]." https://ec.europa.eu/eurostat(검색일: 2021. 8. 17).

______. "Extra-EU trade by partner." http://ec.europa.eu/eurostat(검색일: 2021. 8. 17).

______. "GDP and main components(output, expenditure and income) [NAMA_10_GDP]." https://ec.europa.eu/eurostat(검색일: 2021. 12. 9).

______. "GDP and main components(output, expenditure and income) [NAMQ_10_GDP]." https://ec.europa.eu/eurostat(검색일: 2022. 2. 15).

______. "Net Lending/Borrowing(current and capital account)-annual

data." http://ec.europa.eu/eurostat(검색일: 2022. 3. 2).
______. "Unemployment rate by age[TEPSR_WC170]." https://ec.europa.eu/eurostat(검색일: 2022. 2. 15).

부록.

앙겔라 메르켈 총리의 이력

부록_ 앙겔라 메르켈 총리의 이력

1954년 7월 17일 함부르크 출생, 개신교, 기혼	
1973	템플린(Templin)에서 아비투어(Abitur, 대학입학 자격시험) 실시
1973~1978	라이프치히(Leipzig) 대학교에서 물리학 전공
1978~1990	과학아카데미 물리화학 중앙연구소(Zentralinstitut für physikalische Chemie an der Akademie der Wissenschaften) 연구원
1986	박사학위 취득
1989	"Demokratischer Aufbruch"(Democratic Awakening) 당원 활동
1990 부터	기독민주당(CDU) 가입
1990	구동독(DDR) 데메지에드(de Maizière) 정부의 부대변인
1990 부터	독일 연방의회 의원
1991~1998	CDU의 당 부위원장
1993~2000	메클렌부르크포어포메른(Mecklenburg-Vorpommern)주 총리
1991~1994	연방여성청소년부 장관
1994~1998	연방환경·자연보호·에너지안전부 장관
1998~2000	독일 CDU 서기장
2000~2018	독일 CDU 의장
2002~2005	독일 연방의회 CDU/CSU연합 의장
2005. 11~	독일 연방총리

자료: 연방총리실, "Biografie," 온라인 자료(검색일: 2021. 8. 17).

Executive Summary

Merkel Era of 16 Years: Observation on Major International Issues and Policies

Hyun Jean Lee

While Angela Merkel lead Germany for nearly 16 years from November 2005 to December 2021, the voices of both Germany and the EU in the international community had been elevated. Germany, once been called "the sick man of Europe," revived only to achieve economic development and industrial improvement, as well as reinforcing her position in the global society. The EU, on the other hand, has developed to strengthen its solidarity within the Member States by suggesting common responses to the challenges. During Merkel's era, numerous challenges have occurred in the field of economics, politics, and environment/security, not merely striking Europe, but also the world. Merkel's "slow and steady" approach had been successful handling the situations. Her policies implemented to seek stability had been overall appreciated by the public.

이현진

고려대학교 국제대학원 국제학 석사
대외경제정책연구원 세계지역연구센터 유럽팀 전문연구원
(現, E-mail: hjeanlee@kiep.go.kr)

저서 및 논문

「유럽 주요국 녹생당의 성공 및 실패 요인 분석」(공저, 2021)
「유럽 친환경자동차산업 정책분석과 시사점: E-모빌리티를 중심으로」(공저, 2021) 외

메르켈 정권 16년:
주요 국제 이슈와 정책 평가

인쇄 2022. 9. 5.
발행 2022. 9. 8.
발행인 김흥종
발행처 대외경제정책연구원
주 소 30147 세종특별자치시 시청대로 370
세종국책연구단지 경제정책동
전 화 044) 414-1179
팩 스 044) 414-1144
인쇄처 유월애(02-859-2278)

정가 5,000
ISBN 978-89-322-2482-4 93320